CAMINAR CON JESÚS

LA ESENCIA DE LA VIDA CRISTIANA

PAPA FRANCISCO

CAMINAR CON JESÚS
LA ESENCIA DE LA VIDA CRISTIANA

Con la colaboración de
Giuliano Vigini

ORIGEN

Título original: *Camminare Con Gesú*

Caminar con Jesús
Primera edición: junio de 2020

© 2014 Edizioni San Paolo s.r.l
Piazza Soncino, 5-20092 Cinisello Balsamo (Milano)
www.edizionisanpaolo.it
© 2014 Periodici San Paolo s.r.l
Via Giotto, 36-20145 Milano
www.famigliacristiana.it
© 2014 Libreria Editrice Vaticana
00120 Città del Vaticano
www.libreriaeditricevaticana.com
© 2020, derechos de la presente edición en lengua castellana:
Penguin Random House Grupo Editorial USA, LLC
8950 SW 74th Court, Suite 2010
Miami, FL 33156

Traducción de la *Introducción, Cronología esencial de la vida y Capaces de escudriñar el designio de Dios*: Davide Sala y Américo Badillo-Veiga
Diseño de cubierta: Ana Paula Dávila
Fotografía de cubierta: © Giulio Napolitano/Shutterstock

Este libro fue publicado originalmente por el sello Aguilar, en el 2015

Penguin Random House Grupo Editorial apoya la protección del *copyright*.
El *copyright* estimula la creatividad, defiende la diversidad en el ámbito
de las ideas y el conocimiento, promueve la libre expresión
y favorece una cultura viva. Gracias por comprar una edición autorizada
de este libro y por respetar las leyes del *copyright*. Al hacerrlo
está respaldando a los autores y permitiendo que PRHGE continúe
publicando libros para todos los lectores.
Queda prohibido bajo las sanciones establecidas por las leyes escanear, reproducir
total o parcialmente esta obra por cualquier modo o procedimiento, así como
la distribución de ejemplares mediante alquiler o préstamo público
sin previa autorización.

ISBN: 978-1644731-47-5

Impreso en Estados Unidos - *Printed in USA*

Penguin
Random House
Grupo Editorial

ÍNDICE

	Pág.
INTRODUCCIÓN	9
I. EL EVANGELIO DEL CAMINO	17
La meta y el camino	19
La eterna novedad del Evangelio	26
Los tres movimientos del cristiano	28
Caminar con Jesús	30
La alegría del encuentro	34
II. EL CAMINO DE LA FE	37
La vida sacramental	39
Injertados en Cristo y en la Iglesia	47
Miembros de un pueblo misionero	51
Unidos y conformados a Jesús	55
El sacramento del amor	59
Vivir la Eucaristía	62
La fuerza del perdón	66
La compasión de Dios	71
El ministerio del servicio	74
El valor del matrimonio cristiano	79

III. LOS DONES DEL CAMINO	*Pág.*	83
El don del Espíritu Santo	»	85
La sabiduría que viene del Espíritu	»	89
Capaces de escudriñar el designio de Dios	»	93
El consejo que hace crecer	»	96
Fuertes en Él que da la fuerza	»	101
Custodiar la belleza de la creación	»	104
La piedad no es pietismo	»	108
El verdadero temor de Dios	»	111
IV. EL TESTIMONIO DEL CAMINO	»	117
Transmitir la fe recibida	»	119
Hacer visible el Evangelio	»	123
Ricos en virtud de la pobreza de Cristo	»	128
La fuerza revolucionaria de las Bienaventuranzas	»	135
«Bienaventurados los pobres de espíritu...»	»	139
«... porque de ellos es el reino de los cielos»	»	144
La cultura del encuentro		146

V. ACOMPAÑAR EN EL CAMINO	*Pág.*	155
El tiempo de la misericordia	»	157
Pastorear al pueblo de Dios	»	169
La alegría del sacerdocio	»	174
Obispos, testigos del Resucitado	»	182
En el camino hacer Iglesia	»	186
La Iglesia está viva, se sorprende	»	191
Cronología esencial de la vida	»	195
Listado de las fuentes	»	201

INTRODUCCIÓN

Caminar es el verbo que Francisco emplea con mayor frecuencia desde el inicio de su pontificado. Así como para Bernanos «Todo es gracia», se podría decir que para el Papa «Todo es camino», en el sentido de que cada acto de un cristiano sea parte de un recorrido que le acerque, paso a paso, a Dios y al prójimo. El «caminar» resume, en la visión eclesial de Francisco, la imagen misma de la Iglesia que sale del cerco de sus murallas externas y de sus trabas internas, para dirigirse hacia el encuentro con el pueblo de Dios y al mundo. Visión de una Iglesia evangelizadora, puesta en pie, en misión permanente, que siente la responsabilidad y el gozo de este camino. Visión de Iglesia que no teme al rumbo, ni a lo que pueda encontrar caminando entre la gente, especialmente allí, en las orillas de la existencia, donde se siente con mayor intensidad el clamor de los pobres, los marginados y los oprimidos.

Esta Iglesia peregrina se esfuerza por imitar al Jesús que durante su vida pública recorrió, a todo lo largo y ancho, los caminos de Palestina, seguido de sus discípulos. Iglesia que invita a imaginar aquellos primeros momentos, la sorpresa, el asombro y el miedo que experimentaron esos doce hombres llamados por Jesús a dejarlo todo y a seguirlo. Es decir, llamados a responderle: sí, te hemos encontrado, queremos estar y caminar contigo; aun sin saber adónde se dirigían ni qué les esperaba en el camino. Pero le creyeron, confiaron en él y se lanzaron a lo que se convertiría no sólo en la experiencia más revolucionaria de su vida, tanto como en la mayor aventura de la historia. Caminando, Jesús los instruyó respecto a qué dejar de la mentalidad del mundo para purificarse, renovar el corazón y aprender a reconocer qué era importante para el Reino de Dios. Poco a poco, entre asombros y miedos, entre caídas y negaciones, llegaron a comprender que su victoria consistía en recorrer hasta el fin el camino de la cruz hacia la cual Jesús los había llevado, prediciendo su pasión, muerte y resurrección.

INTRODUCCIÓN

Nunca se reflexiona lo suficiente respecto a la fe de apóstoles y de los primeros discípulos que, fortalecidos por la experiencia con Jesús y en comunión con él, emprendieron el largo y aún inconcluso camino de la misión, destino inalterable de la Iglesia. También nosotros, vinculados a la primera comunidad cristiana por estrechos lazos perpetuos de continuidad histórica y espiritual, estamos convocados, nueva vez, por el papa Francisco, a retomar ese camino; a reanudarlo si nos detuvimos porque estábamos fatigados o no del todo convencidos; a iniciarlo si, sin estar conscientes de que la fe es tal si es una «fe-camino», ni siquiera habíamos partido.

Por lo tanto, caminar es el movimiento que pone en marcha la búsqueda de la verdad del Evangelio que una vez hecha nuestra, impulsa a proclamar y a dar testimonio, con alegría, de esa novedad de vida. La predicación del papa Francisco se centra totalmente en esto: explicar cuál es la meta, cuáles los pasos a dar para alcanzar, en la dimensión personal, la mejora y santificación de sí mismo, y en la comunitaria, la edificación de toda la Iglesia, en el vínculo del amor, de la unidad y de la paz. Si se quiere, en otras palabras —para usar el lenguaje de la Biblia— «caminar» en

Cristo, «arraigados y edificados en él» (Col 2,6-7), de acuerdo con la ley libertadora y dadora de vida del Espíritu (Rom 8,2), si se quiere «caminar en una vida nueva» (Rom 6,4), «en la luz» (1 Jn 1,7), y «en el amor» (Ef 5,2), es necesario saber qué se debe eliminar y qué hay que colocar en el centro de la vida cristiana.

Por eliminar están la hipocresía y la vanidad, las costras y los anquilosamientos, el peso de las rutinas y el formalismo, así como el arribismo, la vanidad, el triunfalismo, los chismes y las quejas que ofuscan la credibilidad de la fe y trastocan la autenticidad del testimonio; todas ellas son actitudes evidentes o maliciosas que el papa Francisco no se ha cansado de estigmatizar con firmeza en cada oportunidad y que constituyen ya el abanico de temas predominantes, el *leitmotiv* de su predicación, junto con otros que componen la amplia gama de su denuncia eclesial y social, tales como el poder, el dinero, la corrupción, el consumismo, la explotación, el desperdicio, el derroche, la indiferencia, la ofensa a la dignidad humana en todas sus manifestaciones.

En el centro, Francisco coloca a Jesucristo, su persona, su mensaje. El camino interior y eclesial a emprender es el siguiente: aprender que basta comprender que no importa si se cae alguna vez, si dejamos que Jesús nos levante, pues su misericordia, su perdón, su amor fiel —conceptos que guían la visión pastoral de Francisco— son la «caricia» eterna de Dios, que consuela, acoge, infunde confianza y esperanza, así como el valor para perseverar en ese empeño y continuar la marcha.

Nunca estamos solos en este camino: Dios nos precede en el camino, pero no para imponer reglas o preceptos que parezcan prohibiciones sin sentido, como se ven a menudo los mandamientos y las leyes de la Iglesia. Como ya propuso Benedicto XVI, Francisco también invierte la perspectiva y muestra cómo los límites no son cadenas que nos aprisionan. Más bien, son antídotos necesarios para entrar en el ámbito de la vida buena y virtuosa según Dios. Los sacramentos de iniciación cristiana, la Eucaristía y los otros sacramentos, son los primeros medios indispensables para que cada quien pueda alcanzar en su vida lo que San Agustín llamaba «el orden del amor»: es decir, las condiciones para una buena vida aquí en la Tierra y para mantener, al mismo tiempo y en todo momento, la mirada puesta en el mundo futuro al que estamos destinados. Les sigue el auxilio del Espíritu Santo con sus dones, otro de los temas clave de la catequesis de Francisco, ampliamente tratados, junto al de los sacramentos, en esta selección. El ejemplo de María, José y de todos los santos, es otro firme apoyo en el momento de experimentar fatiga en el camino. Conocerles y rezarles no significa llegar a ser como ellos, pero ayuda al menos a familiarizarse con la gramática de la vida cristiana, a profundizar en el misterio de Cristo, y aprender a vivir imitándolos. Sobre todo, y finalmente, está el flujo de la oración que debe manar continuamente del corazón, pues no se puede vivir y actuar como cristianos sin orar, sin tender ese puente que nos une a Dios, al que se le pide el «pan», el perdón, el auxilio en la hora de la prueba, con la certidumbre de quien ve en Él el Padre, de todos y de cada uno.

El papa Francisco nos integra en esta corriente de espiritualidad y discernimiento eclesial, infundiéndonos valor y esperanza. Su paternidad sacerdotal, su sencillez pastoral, su estilo convincente, directo, familiar y vivaz encienden los corazones y crean con naturalidad vínculos profundos entre las almas. Esta dinámica opera independientemente de los mensajes enérgicos y de las denuncias que, sin vacilaciones, pronuncia con frecuencia justo para que no se olvide nunca de que la vida cristiana es una lucha constante consigo mismo y contra el mal. No obstante, en sus homilías, así como en sus discursos, siempre queda un mensaje de confianza y alegría que aplaca el rigor de la lucha y convierte el camino —en su sentido metafórico pleno desde el punto de vista espiritual y pastoral— en lugar de encuentro de un pueblo que vive la comunión y la fraternidad de la fe.

GIULIANO VIGINI

I
EL EVANGELIO DEL CAMINO

La meta y el camino

La plenitud a la que Jesús lleva a la fe tiene un aspecto decisivo. En la fe, Cristo no es sólo aquel en quien creemos, la manifestación máxima del amor de Dios, sino también aquel con quien nos unimos para poder creer. La fe no sólo mira a Jesús, sino que mira desde el punto de vista de Jesús, con sus ojos: es una participación en su modo de ver. En muchos ámbitos de la vida confiamos en otras personas que conocen las cosas mejor que nosotros. Tenemos confianza en el arquitecto que nos construye la casa, en el farmacéutico que nos da la medicina para curarnos, en el abogado que nos defiende en el tribunal. Tenemos necesidad también de alguien que sea fiable y experto en las cosas de Dios. Jesús, su Hijo, se presenta como aquel que nos explica a Dios (cf. Jn 1,18). La vida de Cristo —su modo de conocer al Padre, de vivir totalmente en relación con él— abre un espacio nuevo a la experiencia humana, en el que podemos entrar. La importancia de la relación personal con Jesús mediante la fe queda reflejada en los diversos usos que hace san Juan del verbo *credere*. Junto a «creer que» es verdad lo que Jesús nos dice (cf. Jn 14,10; 20,31), san Juan usa también las locuciones «creer a» Jesús y «creer en» Jesús. «Creemos a» Jesús cuando aceptamos su Palabra, su testimonio, porque él es veraz (cf. Jn 6,30). «Creemos en» Jesús cuando lo acogemos personalmente en nuestra vida y nos confiamos a él, uniéndonos a él mediante el amor y siguiéndolo a lo largo del camino (cf. Jn 2,11; 6,47; 12,44).

Para que pudiésemos conocerlo, acogerlo y seguirlo, el Hijo de Dios ha asumido nuestra carne, y así su visión del Padre se ha realizado también al modo humano, mediante un camino y un recorrido temporal. La fe cristiana es fe en la encarnación del Verbo y en su resurrección en la carne; es fe en un Dios que se ha hecho tan cercano, que ha entrado en nuestra historia. La fe en el Hijo de Dios hecho hombre en Jesús de Nazaret no nos separa de la realidad, sino que nos permite captar su significado profundo, descubrir cuánto ama Dios a este mundo y cómo lo orienta incesantemente hacía sí; y esto lleva al cristiano a comprometerse, a vivir con mayor intensidad todavía el camino sobre la tierra.

A partir de esta participación en el modo de ver de Jesús, el apóstol Pablo nos ha dejado en sus escritos una descripción de la existencia creyente. El que cree, aceptando el don de la fe, es transformado en una creatura nueva, recibe un nuevo ser, un ser filial que se hace hijo en el Hijo. «Abbá, Padre», es la palabra más característica de la experiencia de Jesús, que se convierte en el núcleo de la experiencia cristiana (cf. Rom 8,15). La vida en la fe, en cuanto existencia filial, consiste en reconocer el don originario y radical, que está a la base de la existencia del hombre, y puede resumirse en la frase de san Pablo a los Corintios: «¿Tienes algo que no hayas recibido?» (1 Cor 4,7). Precisamente en este punto se sitúa el corazón de la polémica de san Pablo con los fariseos, la discusión sobre la salvación mediante la fe o mediante las obras de la ley. Lo que san Pablo rechaza es la actitud de quien pretende justificarse a sí mismo ante Dios mediante sus propias obras. Éste, aunque obedezca a los mandamientos, aunque haga obras buenas, se pone a sí mismo en el centro, y no reconoce que el origen de la bondad es Dios. Quien obra así, quien quiere ser fuente de su propia justicia, ve cómo pronto se le agota y se da cuenta de que ni siquiera puede mantenerse fiel a la ley. Se cierra, aislándose del Señor y de los otros, y por eso mismo su vida se vuelve vana, sus obras estériles, como árbol lejos del agua. San Agustín lo expresa así con su lenguaje conciso y eficaz: «Ab eo qui fecit te noli deficere nec ad te», de aquel que te ha hecho, no te alejes ni siquiera para ir a ti[15]. Cuando el hombre piensa que, alejándose de Dios, se encontrará a sí mismo, su existencia fracasa (cf. Lc 15,11-24). La salvación comienza con la apertura a algo que nos precede, a un don originario que afirma la vida y protege la existencia. Sólo abriéndonos a este origen y reconociéndolo, es posible ser transformados, dejando que la salvación obre en nosotros y haga fecunda la vida, llena de buenos frutos. La salvación mediante la fe consiste en reconocer el primado del don de Dios, como bien resume san Pablo: «En efecto, por gracia estáis salvados, mediante la fe. Y esto no viene de vosotros: es don de Dios» (Ef 2,8s).

La nueva lógica de la fe está centrada en Cristo. La fe en Cristo nos salva porque en él la vida se abre radicalmente a un Amor que nos precede y nos transforma desde dentro, que obra en nosotros y con nosotros. Así aparece con claridad en la exégesis que el Apóstol de los gentiles hace de un texto del Deuteronomio, interpretación que se inserta en la dinámica más profunda del Antiguo Testamento. Moisés dice al pueblo que el mandamiento de Dios no es demasiado alto ni está demasiado alejado del hombre. No se debe decir: «¿Quién de nosotros subirá al cielo y nos lo traerá?» o «¿Quién de nosotros cruzará el mar y nos lo traerá?» (cf. Dt 30,11-14). Pablo interpreta esta cercanía de la palabra de Dios como referida a la presencia de Cristo en el cristiano: «No digas en tu corazón: "¿Quién subirá al cielo?", es decir, para hacer bajar a Cristo. O "¿quién bajará al abismo?", es decir, para hacer subir a Cristo de entre los muertos» (Rom 10,6-7). Cristo ha bajado a la tierra y ha resucitado de entre los muertos; con su encarnación y resurrección, el Hijo de Dios ha abrazado todo el camino del hombre y habita en nuestros corazones mediante el Espíritu santo. La fe sabe que Dios se ha hecho muy cercano a nosotros, que Cristo se nos ha dado como un gran don que nos transforma interiormente, que habita en nosotros, y así nos da la luz que ilumina el origen y el final de la vida, el arco completo del camino humano.

Así podemos entender la novedad que aporta la fe. El creyente es transformado por el Amor, al que se abre por la fe, y al abrirse a este Amor que se le ofrece, su existencia se dilata más allá de sí mismo. Por eso, san Pablo puede afirmar: «No soy yo el que vive, es Cristo quien vive en mí» (Gál 2,20), y exhortar: «Que Cristo habite por la fe en vuestros corazones» (Ef 3,17). En la fe, el «yo» del creyente se ensancha para ser habitado por Otro, para vivir en Otro, y así su vida se hace más grande en el Amor. En esto consiste la acción propia del Espíritu Santo. El cristiano puede tener los ojos de Jesús, sus sentimientos, su condición filial, porque se le hace partícipe de su Amor, que es el Espíritu. Y en este Amor se recibe en cierto modo la visión propia de Jesús. Sin esta conformación en el Amor, sin la presencia del Espíritu que lo infunde en nuestros corazones (cf. Rom 5,5), es imposible confesar a Jesús como Señor (cf. 1 Co 12,3).

De este modo, la existencia creyente se convierte en existencia eclesial. Cuando san Pablo habla a los cristianos de Roma de que todos los creyentes forman un solo cuerpo en Cristo, les pide que no sean orgullosos, sino que se estimen «según la medida de la fe que Dios otorgó a cada cual» (Rom 12,3). El creyente aprende a verse a sí mismo a partir de la fe que profesa: la figura de Cristo es el espejo en el que descubre su propia imagen realizada. Y como Cristo abraza en sí a todos los creyentes, que forman su cuerpo, el cristiano se comprende a sí mismo dentro de este cuerpo, en relación originaria con Cristo y con los hermanos en la fe. La imagen del cuerpo no pretende reducir al creyente a una simple parte de un todo anónimo, a mera pieza de un gran engranaje, sino que subraya más bien la unión vital de Cristo con los creyentes y de todos los creyentes entre sí (cf. Rom 12,4-5). Los cristianos son «uno» (cf. Gál 3,28), sin perder su individualidad, y en el servicio a los demás cada uno alcanza hasta el fondo su propio ser. Se entiende entonces por qué fuera de este cuerpo, de esta unidad de la Iglesia en Cristo, de esta Iglesia que —según la expresión de Romano Guardini— «es la portadora histórica de la visión integral de Cristo sobre el mundo»[16], la fe pierde su «medida», ya no encuentra su equilibrio, el espacio necesario para sostenerse. La fe tiene una configuración necesariamente eclesial, se confiesa dentro del cuerpo de Cristo, como comunión real de los creyentes. Desde este ámbito eclesial, abre al cristiano individual a todos los hombres. La palabra de Cristo, una vez escuchada y por su propio dinamismo, en el cristiano se transforma en respuesta, y se convierte en palabra pronunciada, en confesión de fe. Como dice san Pablo: «Con el corazón se cree [...], y con los labios se profesa» (Rom 10,10). La fe no es algo privado, una concepción individualista, una opinión subjetiva, sino que nace de la escucha y está destinada a pronunciarse y a convertirse en anuncio. En efecto, «¿cómo creerán en aquel de quien no han oído hablar? ¿Cómo oirán hablar de él sin nadie que anuncie?» (Rom 10,14). La fe se hace entonces operante en el cristiano a partir del don recibido, del Amor que atrae hacia Cristo (cf. Gál 5,6), y le hace partícipe del camino de la Iglesia, peregrina en la historia hasta su cumplimiento. Quien ha sido transformado de este modo adquiere una nueva forma de ver, la fe se convierte en luz para sus ojos.

La eterna novedad del Evangelio

Un anuncio renovado ofrece a los creyentes, también a los tibios o no practicantes, una nueva alegría en la fe y una fecundidad evangelizadora. En realidad, su centro y esencia es siempre el mismo: el Dios que manifestó su amor inmenso en Cristo muerto y resucitado. Él hace a sus fieles siempre nuevos; aunque sean ancianos, «les renovará el vigor, subirán con alas como de águila, correrán sin fatigarse y andarán sin cansarse» (Is 40,31). Cristo es el «Evangelio eterno» (Ap 14,6), y es «el mismo ayer y hoy y para siempre» (Hab 13,8), pero su riqueza y su hermosura son inagotables. Él es siempre joven y fuente constante de novedad. La Iglesia no deja de asombrarse por «la profundidad de la riqueza, de la sabiduría y del conocimiento de Dios» (Rom 11,33). Decía san Juan de la Cruz: «Esta espesura de sabiduría y ciencia de Dios es tan profunda e inmensa, que, aunque más el alma sepa de ella, siempre puede entrar más adentro»[7]. O bien, como afirmaba san Ireneo: «[Cristo], en su venida, ha traído consigo toda novedad»[8]. Él siempre puede, con su novedad, renovar nuestra vida y nuestra comunidad y, aunque atraviese épocas oscuras y debilidades eclesiales, la propuesta cristiana nunca envejece. Jesucristo también puede romper los esquemas aburridos en los cuales pretendemos encerrarlo y nos sorprende con su constante creatividad divina. Cada vez que intentamos volver a la fuente y recuperar la frescura original del Evangelio, brotan nuevos caminos, métodos creativos, otras formas de expresión, signos más elocuentes, palabras cargadas de renovado significado para el mundo actual. En realidad, toda auténtica acción evangelizadora es siempre «nueva».

Los tres movimientos del cristiano

En estas tres lecturas veo que hay algo en común: es el movimiento. En la primera lectura, el movimiento en el camino; en la segunda lectura, el movimiento en la edificación de la Iglesia; en la tercera, en el Evangelio, el movimiento en la confesión. Caminar, edificar, confesar.

Caminar. «Casa de Jacob, venid; caminemos a la luz del Señor» (Is 2,5). Ésta es la primera cosa que Dios ha dicho a Abrahán: Camina en mi presencia y sé irreprochable. Caminar: nuestra vida es un camino y cuando nos paramos, algo no funciona. Caminar siempre, en presencia del Señor, a la luz del Señor, intentando vivir con aquella honradez que Dios pedía a Abrahán, en su promesa.

Edificar. Edificar la Iglesia. Se habla de piedras: las piedras son consistentes; pero piedras vivas, piedras ungidas por el Espíritu Santo. Edificar la Iglesia, la Esposa de Cristo, sobre la piedra angular que es el mismo Señor. He aquí otro movimiento de nuestra vida: edificar.

Tercero, confesar. Podemos caminar cuanto queramos, podemos edificar muchas cosas, pero si no confesamos a Jesucristo, algo no funciona. Acabaremos siendo una ONG asistencial, pero no la Iglesia, Esposa del Señor. Cuando no se camina, se está parado. ¿Qué ocurre cuando no se edifica sobre piedras? Sucede lo que ocurre a los niños en la playa cuando construyen castillos de arena. Todo se viene abajo. No es consistente. Cuando no se confiesa a Jesucristo, me viene a la memoria la frase de Léon Bloy: «Quien no reza al Señor, reza al diablo». Cuando no se confiesa a Jesucristo, se confiesa la mundanidad del diablo, la mundanidad del demonio.

Caminar, edificar, construir, confesar. Pero la cosa no es tan fácil, porque en el caminar, en el construir, en el confesar, a veces hay temblores, existen movimientos que no son precisamente movimientos del camino: son movimientos que nos hacen retroceder.

Este Evangelio prosigue con una situación especial. El mismo Pedro que ha confesado a Jesucristo, le dice: Tú eres el Mesías, el Hijo de Dios vivo. Te sigo, pero no hablemos de cruz. Esto no tiene nada que ver. Te sigo de otra manera, sin la cruz. Cuando caminamos sin la cruz, cuando edificamos sin la cruz y cuando confesamos un Cristo sin cruz, no somos discípulos del Señor: somos mundanos, somos obispos, sacerdotes, cardenales, papas, pero no discípulos del Señor.

Quisiera que todos, después de estos días de gracia, tengamos el valor, precisamente el valor, de caminar en presencia del Señor, con la cruz del Señor; de edificar la

Iglesia sobre la sangre del Señor, derramada en la cruz; y de confesar la única gloria: Cristo crucificado. Y así la Iglesia avanzará.

Deseo que el Espíritu Santo, por la plegaria de la Virgen, nuestra Madre, nos conceda a todos nosotros esta gracia: caminar, edificar, confesar a Jesucristo crucificado.

Caminar con Jesús

En el Evangelio de Marcos leemos: «Y Jesús *iba delante* de ellos...» (Mc 10,32)

También en este momento Jesús camina delante de nosotros. Él siempre está por delante de nosotros. Él nos precede y nos abre el camino... Y ésta es nuestra confianza y nuestra alegría: ser discípulos suyos, estar con él, caminar tras él, seguirlo...

Cuando con los cardenales hemos concelebrado juntos la primera Misa en la Capilla Sixtina, «caminar» ha sido la primera palabra que el Señor nos ha propuesto: caminar, y después construir y confesar.

Hoy vuelve esta palabra, pero como un acto, como una acción de Jesús que continúa: «Jesús caminaba...». Nos llama la atención esto en los evangelios: Jesús camina mucho e instruye a los suyos a lo largo del camino. Esto es importante. Jesús no ha venido a enseñar una filosofía, una ideología..., sino una «vía», una senda para recorrerla con él, y la senda se aprende haciéndola, caminando. Sí, queridos hermanos, ésta es nuestra alegría: caminar con Jesús.

Y esto no es fácil, no es cómodo, porque la vía escogida por Jesús es la vía de la cruz. Mientras van de camino, él habla a sus discípulos de lo que le sucederá en Jerusalén: anuncia su pasión, muerte y resurrección. Y ellos se quedan «sorprendidos» y «asustados». Sorprendidos, cierto, porque para ellos subir a Jerusalén significaba participar en el triunfo del Mesías, en su victoria, como se ve luego en la petición de Santiago y Juan; y asustados por lo que Jesús habría tenido que sufrir, y que también ellos corrían el riesgo de padecer.

A diferencia de los discípulos de entonces, nosotros sabemos que Jesús ha vencido, y no deberíamos tener miedo de la cruz, sino que, más bien, en la Cruz tenemos nuestra esperanza. No obstante, también nosotros somos humanos, pecadores, y estamos expuestos a la tentación de pensar según el modo de los hombres y no de Dios.

Y cuando se piensa de modo mundano, ¿cuál es la consecuencia? Dice el Evangelio: «Los otros diez *se indignaron* contra Santiago y Juan» (Mc 10,41). Ellos se indignaron. Si prevalece la mentalidad del mundo, surgen las rivalidades, las envidias, los bandos...

Así, pues, esta palabra que hoy nos dirige el Señor es muy saludable. Nos purifica interiormente, proyecta luz en nuestra conciencia y nos ayuda a ponernos en plena sintonía con Jesús, y a hacerlo juntos, en el momento en que el Colegio de Cardenales se incrementa con el ingreso de nuevos miembros.

«Llamándolos Jesús a sí...» (Mc 10,42). He aquí el otro gesto del Señor. Durante el camino, se da cuenta de que necesita hablar a los Doce, se para y los llama a sí. Hermanos, dejemos que el Señor Jesús nos llame a sí. Dejémonos convocar por él. Y escuchémosle con la alegría de acoger juntos su palabra, de dejarnos enseñar por ella y por el Espíritu Santo, para ser cada vez más un solo corazón y una sola alma en torno a él.

Y mientras estamos así, convocados, «llamados a sí» por nuestro único Maestro, os digo lo que la Iglesia necesita: tiene necesidad de vosotros, de vuestra colaboración y, antes de nada, de vuestra comunión, conmigo y entre vosotros. La Iglesia necesita vuestro valor para anunciar el evangelio en toda ocasión, oportuna e inoportunamente, y para dar testimonio de la verdad. La Iglesia necesita vuestras oraciones, para apacentar bien la grey de Cristo, la oración —no lo olvidemos— que, con el anuncio de la Palabra, es el primer deber del Obispo. La Iglesia necesita vuestra compasión sobre todo en estos momentos de dolor y sufrimiento en tantos países del mundo. Expresemos juntos nuestra cercanía espiritual a las comunidades eclesiales, a todos los cristianos que sufren discriminación y persecución. ¡Debemos luchar contra cualquier discriminación! La Iglesia necesita que recemos por ellos, para que sean fuertes en la fe y sepan responder el mal con bien. Y que esta oración se haga extensiva a todos los hombres y mujeres que padecen injusticia a causa de sus convicciones religiosas.

La Iglesia también necesita de nosotros para que seamos hombres de paz y construyamos la paz con nuestras obras, nuestros deseos, nuestras oraciones. ¡Construir la paz! ¡Artesanos de la paz! Por ello imploramos la paz y la reconciliación para los pueblos que en estos tiempos sufren la prueba de la violencia, de la exclusión y de la guerra.

Caminemos juntos tras el Señor, y dejémonos convocar cada vez más por él, en medio del Pueblo fiel, del santo Pueblo fiel de Dios, de la Santa Madre Iglesia.

La alegría del encuentro

La alegría del Evangelio llena el corazón y la vida entera de los que se encuentran con Jesús. Quienes se dejan salvar por Él son liberados del pecado, de la tristeza, del vacío interior, del aislamiento. Con Jesucristo siempre nace y renace la alegría.

El gran riesgo del mundo actual, con su múltiple y abrumadora oferta de consumo, es una tristeza individualista que brota del corazón cómodo y avaro, de la búsqueda enfermiza de placeres superficiales, de la conciencia aislada. Cuando la vida interior se clausura en los propios intereses, ya no hay espacio para los demás, ya no entran los pobres, ya no se escucha la voz de Dios, ya no se goza la dulce alegría de su amor, ya no palpita el entusiasmo por hacer el bien. Los creyentes también corren ese riesgo, cierto y permanente. Muchos caen en él y se convierten en seres resentidos, quejosos, sin vida.

Ésa no es la opción de una vida digna y plena, ése no es el deseo de Dios para nosotros, ésa no es la vida en el Espíritu que brota del corazón de Cristo resucitado.

Invito a cada cristiano, en cualquier lugar y situación en que se encuentre, a renovar ahora mismo su encuentro personal con Jesucristo o, al menos, a tomar la decisión de dejarse encontrar por Él, de intentarlo cada día sin descanso. No hay razón para que alguien piense que esta invitación no es para él, porque «nadie queda excluido de la alegría reportada por el Señor»[1]. Al que arriesga, el Señor no lo defrauda, y cuando alguien da un pequeño paso hacia Jesús, descubre que Él ya esperaba su llegada con los brazos abiertos. Éste es el momento para decirle a Jesucristo: «Señor, me he dejado engañar, de mil maneras escapé de tu amor, pero aquí estoy otra vez para renovar mi alianza contigo. Te necesito. Rescátame de nuevo, Señor, acéptame una vez más entre tus brazos redentores». ¡Nos hace tanto bien volver a Él cuando nos hemos perdido! Insisto una vez más: Dios no se cansa nunca de perdonar, somos nosotros los que nos cansamos de acudir a su misericordia. Aquel que nos invitó a perdonar «setenta veces siete» (Mt 18,22) nos da ejemplo: Él perdona setenta veces siete. Nos vuelve a cargar sobre sus hombros una y otra vez. Nadie podrá quitarnos la dignidad que nos otorga este amor infinito e inquebrantable. Él nos permite levantar la cabeza y volver a empezar, con una ternura que nunca nos desilusiona y que siempre puede devolvernos la alegría. No huyamos de la resurrección de Jesús, nunca nos declaremos muertos, pase lo que pase. ¡Que nada pueda más que su vida que nos lanza hacia adelante!

II

EL CAMINO DE LA FE

La vida sacramental

La Iglesia, como toda familia, transmite a sus hijos el contenido de su memoria. ¿Cómo hacerlo de manera que nada se pierda y, más bien, todo se profundice cada vez más en el patrimonio de la fe? Mediante la tradición apostólica, conservada en la Iglesia con la asistencia del Espíritu Santo, tenemos un contacto vivo con la memoria fundante. Como afirma el Concilio ecuménico Vaticano II, «lo que los Apóstoles transmitieron comprende todo lo necesario para una vida santa y para una fe creciente del Pueblo de Dios; así la Iglesia con su enseñanza, su vida, su culto, conserva y transmite a todas las edades lo que es y lo que cree».

En efecto, la fe necesita un ámbito en el que se pueda testimoniar y comunicar, un ámbito adecuado y proporcionado a lo que se comunica. Para transmitir un contenido meramente doctrinal, una idea, quizás sería suficiente un libro, o la reproducción de un mensaje oral. Pero lo que se comunica en la Iglesia, lo que se transmite en su Tradición viva, es la luz nueva que nace del encuentro con el Dios vivo, una luz que toca la persona en su centro, en el corazón, implicando su mente, su voluntad y su afectividad, abriéndola a relaciones vivas en la comunión con Dios y con los otros. Para transmitir esta riqueza hay un medio particular, que pone en juego a toda la persona, cuerpo, espíritu, interioridad y relaciones. Este medio son los sacramentos, celebrados en la liturgia de la Iglesia. En ellos se comunica una memoria encarnada, ligada a los tiempos y lugares de la vida, asociada a todos los sentidos; implican a la persona, como miembro de un sujeto vivo, de un tejido de relaciones comunitarias. Por eso, si bien, por una parte, los sacramentos son sacramentos de la fe[36], también se debe decir que la fe tiene una estructura sacramental. El despertar de la fe pasa por el despertar de un nuevo sentido sacramental de la vida del hombre y de la existencia cristiana, en el que lo visible y material está abierto al misterio de lo eterno.

La transmisión de la fe se realiza en primer lugar mediante el bautismo. Pudiera parecer que el bautismo es sólo un modo de simbolizar la confesión de fe, un acto pedagógico para quien tiene necesidad de imágenes y gestos, pero del que, en último término, se podría prescindir. Unas palabras de san Pablo, a propósito del bautismo, nos recuerdan que no es así. Dice él que «por el bautismo fuimos sepultados en él en la muerte, para que, lo mismo que Cristo resucitó de entre los muertos por la gloria del Padre, así también nosotros andemos en una vida nueva» (Rom 6,4). Mediante el bautismo nos convertimos en criaturas nuevas y en hijos adoptivos de Dios. El Apóstol afirma después que el cristiano ha sido entregado a un «modelo de doctrina» (*typos didachés*), al que obedece de corazón (cf. Rom 6,17). En el bautismo el hombre recibe también una doctrina que profesar y una forma concreta de vivir, que implica a toda la persona y la pone en el camino del bien. Es transferido a un ámbito nuevo, colocado en un nuevo ambiente, con una forma nueva de actuar en común, en la Iglesia. El bautismo nos recuerda así que la fe no es obra de un individuo aislado, no es un acto que el hombre pueda realizar contando sólo con sus fuerzas, sino que tiene que ser recibida, entrando en la comunión eclesial que transmite el don de Dios: nadie se bautiza a sí mismo, igual que nadie nace por su cuenta. Hemos sido bautizados.

¿Cuáles son los elementos del bautismo que nos introducen en este nuevo «modelo de doctrina»? Sobre el catecúmeno se invoca, en primer lugar, el nombre de la Trinidad: Padre, Hijo y Espíritu Santo. Se le presenta así desde el principio un resumen del camino de la fe. El Dios que ha llamado a Abrahán y ha querido llamarse su Dios, el Dios que ha revelado su nombre a Moisés, el Dios que, al entregarnos a su Hijo, nos ha revelado plenamente el misterio de su Nombre, da al bautizado una nueva condición filial. Así se ve claro el sentido de la acción que se realiza en el bautismo, la inmersión en el agua: el agua es símbolo de muerte, que nos invita a pasar por la conversión del «yo», para que pueda abrirse a un «Yo» más grande; y a la vez es símbolo de vida, del seno del que renacemos para seguir a Cristo en su nueva existencia. De este modo, mediante la inmersión en el agua, el bautismo nos habla de la estructura encarnada de la fe. La acción de Cristo nos toca en nuestra realidad personal, transformándonos radicalmente, haciéndonos hijos adoptivos de Dios, partícipes de su naturaleza divina; modifica así todas nuestras relaciones, nuestra forma de estar en el mundo y en el cosmos, abriéndolas a su misma vida de comunión. Este dinamismo de transformación propio del bautismo nos ayuda a comprender la importancia que tiene hoy el catecumenado para la nueva evangelización, también en las sociedades de antiguas raíces cristianas, en las cuales cada vez más adultos se acercan al sacramento del bautismo. El catecumenado es camino de preparación para el bautismo, para la transformación de toda la existencia en Cristo.

Un texto del profeta Isaías, que ha sido relacionado con el bautismo en la literatura cristiana antigua, nos puede ayudar a comprender la conexión entre el bautismo y la fe: «Tendrá su alcázar en un picacho rocoso… con provisión de agua» (Is 33,16)[37]. El bautizado, rescatado del agua de la muerte, puede ponerse en pie sobre el «picacho rocoso», porque ha encontrado algo consistente donde apoyarse. Así, el agua de muerte se transforma en agua de vida. El texto griego lo llama agua *pistós*, agua «fiel». El agua del bautismo es fiel porque se puede confiar en ella, porque su corriente introduce en la dinámica del amor de Jesús, fuente de seguridad para el camino de nuestra vida.

La estructura del bautismo, su configuración como nuevo nacimiento, en el que recibimos un nuevo nombre y una nueva vida, nos ayuda a comprender el sentido y la importancia del bautismo de niños, que ilustra en cierto modo lo que se verifica en todo bautismo. El niño no es capaz de un acto libre para recibir la fe, no puede confesarla todavía personalmente y, precisamente por eso, la confiesan sus padres y padrinos en su nombre. La fe se vive dentro de la comunidad de la Iglesia, se inscribe en un «nosotros» comunitario. Así, el niño es sostenido por otros, por sus padres y padrinos, y es acogido en la fe de ellos, que es la fe de la Iglesia, simbolizada en la luz que el padre enciende en el cirio durante la liturgia bautismal. Esta estructura del bautismo destaca la importancia de la sinergia entre la Iglesia y la familia en la transmisión de la fe. A los padres corresponde, según una sentencia de san Agustín, no sólo engendrar a los hijos, sino también llevarlos a Dios, para que sean regenerados como hijos de Dios por el bautismo y reciban el don de la fe[38]. Junto a la vida, les dan así la orientación fundamental de la existencia y la seguridad de un futuro de bien, orientación que será ulteriormente corroborada en el sacramento de la confirmación con el sello del Espíritu Santo.

La naturaleza sacramental de la fe alcanza su máxima expresión en la eucaristía, que es el precioso alimento para la fe, el encuentro con Cristo presente realmente con el acto supremo de amor, el don de sí mismo, que genera vida.

En la eucaristía confluyen los dos ejes por los que discurre el camino de la fe. Por una parte, el eje de la historia: la eucaristía es un acto de memoria, actualización del misterio, en el cual el pasado, como acontecimiento de muerte y resurrección, muestra su capacidad de abrir al futuro, de anticipar la plenitud final. La liturgia nos lo recuerda con su *hodie*, el «hoy» de los misterios de la salvación. Por otra parte, confluye en ella también el eje que lleva del mundo visible al invisible. En la eucaristía aprendemos a ver la profundidad de la realidad. El pan y el vino se transforman en el Cuerpo y Sangre de Cristo, que se hace presente en su camino pascual hacia el Padre: este movimiento nos introduce, en cuerpo y alma, en el movimiento de toda la creación hacia su plenitud en Dios.

En la celebración de los sacramentos, la Iglesia transmite su memoria, en particular mediante la profesión de fe. Ésta no consiste sólo en asentir a un conjunto de verdades abstractas. Antes bien, en la confesión de fe, toda la vida se pone en camino hacia la comunión plena con el Dios vivo. Podemos decir que en el credo el creyente es invitado a entrar en el misterio que profesa y a dejarse transformar por lo que profesa. Para entender el sentido de esta afirmación, pensemos antes que nada en el contenido del credo. Tiene una estructura trinitaria: el Padre y el Hijo se unen en el Espíritu de amor. El creyente afirma así que el centro del ser, el secreto más profundo de todas las cosas, es la comunión divina. Además, el credo contiene también una profesión cristológica: se recorren los misterios de la vida de Jesús hasta su muerte, resurrección y ascensión al cielo, en la espera de su venida gloriosa al final de los tiempos. Se dice, por tanto, que este Dios comunión, intercambio de amor entre el Padre y el Hijo en el Espíritu, es capaz de abrazar la historia del hombre, de introducirla en su dinamismo de comunión, que tiene su origen y su meta última en el Padre. Quien confiesa la fe, se ve implicado en la verdad que confiesa. No puede pronunciar con verdad las palabras del credo sin ser transformado, sin insertirse en la historia de amor que lo abraza, que dilata su ser haciéndolo parte de una comunión grande, del sujeto último que pronuncia el credo, que es la Iglesia.

Todas las verdades que se creen proclaman el misterio de la vida nueva de la fe como camino de comunión con el Dios vivo.

Injertados en Cristo y en la Iglesia

El Bautismo es el sacramento en el cual se funda nuestra fe misma, que nos injerta como miembros vivos en Cristo y en su Iglesia. Junto a la Eucaristía y la Confirmación forma la así llamada «Iniciación cristiana», la cual constituye como un único y gran acontecimiento sacramental que nos configura al Señor y hace de nosotros un signo vivo de su presencia y de su amor.

Puede surgir en nosotros una pregunta: ¿es verdaderamente necesario el Bautismo para vivir como cristianos y seguir a Jesús? ¿No es en el fondo un simple rito, un acto formal de la Iglesia para dar el nombre al niño o a la niña? Es una pregunta que puede surgir. Y a este punto, es iluminador lo que escribe el apóstol Pablo: «¿Es que no sabéis que cuantos fuimos bautizados en Cristo Jesús fuimos bautizados en su muerte? Por el Bautismo fuimos sepultados con Él en la muerte, para que, lo mismo que Cristo resucitó de entre los muertos por la gloria del Padre, así también nosotros andemos en una vida nueva» (Rom 6,3-4). Por lo tanto, no es una formalidad. Es un acto que toca en profundidad nuestra existencia. Un niño bautizado o un niño no bautizado no es lo mismo. No es lo mismo una persona bautizada o una persona no bautizada. Nosotros, con el Bautismo, somos inmersos en esa fuente inagotable de vida que es la muerte de Jesús, el más grande acto de amor de toda la historia; y gracias a este amor podemos vivir una vida nueva, no ya en poder del mal, del pecado y de la muerte, sino en la comunión con Dios y con los hermanos.

Muchos de nosotros no tenemos el mínimo recuerdo de la celebración de este Sacramento, y es obvio, si hemos sido bautizados poco después del nacimiento. He hecho esta pregunta dos o tres veces, aquí, en la plaza: quien de vosotros sepa la fecha del propio Bautismo, que levante la mano. Es importante saber el día que fui inmerso precisamente en esa corriente de salvación de Jesús. Y me permito daros un consejo. Pero más que un consejo, una tarea para hoy. Hoy, en casa, buscad, preguntad la fecha del Bautismo y así sabréis bien el día tan hermoso del Bautismo. Conocer la fecha de nuestro Bautismo es conocer una fecha feliz. El riesgo de no conocerla es perder la memoria de lo que el Señor ha hecho con nosotros; la memoria del don que hemos recibido. Entonces acabamos por considerarlo sólo como un acontecimiento que tuvo lugar en el pasado —y ni siquiera por voluntad nuestra, sino de nuestros padres—, por lo cual no tiene ya ninguna incidencia en el presente. Debemos despertar la memoria de nuestro Bautismo. Estamos llamados a vivir cada día nuestro Bautismo, como realidad actual en nuestra existencia. Si logramos seguir a Jesús y permanecer en la Iglesia, incluso con nuestros límites, con nuestras fragilidades y nuestros pecados, es precisamente por el Sacramento en el cual hemos sido convertidos en nuevas criaturas y hemos sido revestidos de Cristo. Es en virtud del Bautismo, en efecto, que, liberados del pecado original, hemos sido injertados en la relación de Jesús con Dios Padre; que somos portadores de una esperanza nueva, porque el Bautismo nos da esta esperanza nueva: la esperanza de ir por el camino de la salvación, toda la vida. Esta esperanza que nada ni nadie puede apagar, porque, la esperanza no defrauda. Recordad: la esperanza en el Señor no decepciona. Gracias al Bautismo somos capaces de perdonar y amar incluso a quien nos ofende y nos causa el mal; logramos reconocer en los últimos y en los pobres el rostro del Señor que nos visita y se hace cercano. El Bautismo nos ayuda a reconocer en el rostro de las personas necesitadas, en los que sufren, incluso de nuestro prójimo, el rostro de Jesús. Todo esto es posible gracias a la fuerza del Bautismo.

Un último elemento, que es importante. Y hago una pregunta: ¿puede una persona bautizarse por sí sola? Nadie puede bautizarse por sí mismo. Nadie. Podemos pedirlo, desearlo, pero siempre necesitamos a alguien que nos confiera en el nombre del Señor este Sacramento. Porque el Bautismo es un don que viene dado en un contexto de solicitud y de compartir fraterno. En la historia, siempre uno bautiza a otro y el otro al otro... es una cadena. Una cadena de gracia. Pero yo no puedo bautizarme a mí mismo: debo pedir a otro el Bautismo. Es un acto de fraternidad, un acto de filiación en la Iglesia. En la celebración del Bautismo podemos reconocer las líneas más genuinas de la Iglesia, la cual como una madre sigue generando nuevos hijos en Cristo, en la fecundidad del Espíritu Santo.

Pidamos entonces de corazón al Señor poder experimentar cada vez más, en la vida de cada día, esta gracia que hemos recibido con el Bautismo. Que al encontrarnos, nuestros hermanos puedan hallar auténticos hijos de Dios, auténticos hermanos y hermanas de Jesucristo, auténticos miembros de la Iglesia. Y no olvidéis la tarea de hoy: buscar, preguntar la fecha del propio Bautismo. Como conozco la fecha de mi nacimiento, debo conocer también la fecha de mi Bautismo, porque es un día de fiesta.

Miembros de un pueblo misionero

Quisiera centrarme todavía en el Bautismo, para destacar un fruto muy importante de este Sacramento: el mismo nos convierte en miembros del Cuerpo de Cristo y del Pueblo de Dios. Santo Tomás de Aquino afirma que quien recibe el Bautismo es incorporado a Cristo casi como su mismo miembro y es agregado a la comunidad de los fieles (cf. *Summa Theologiae*, III, q. 69, a. 5; q. 70, a. 1), es decir, al Pueblo de Dios. En la escuela del Concilio Vaticano II, decimos hoy que el Bautismo nos hace *entrar en el Pueblo de Dios*, nos convierte en miembros de *un Pueblo en camino*, un Pueblo que peregrina en la historia.

En efecto, como de generación en generación se transmite la vida, así también de generación en generación, a través del renacimiento en la fuente bautismal, se transmite la gracia, y con esta gracia el Pueblo cristiano camina en el tiempo, como un río que irriga la tierra y difunde en el mundo la bendición de Dios. Desde el momento en que Jesús dijo lo que hemos escuchado en el Evangelio, los discípulos fueron a bautizar; y desde ese tiempo hasta hoy existe una cadena en la transmisión de la fe mediante el Bautismo. Y cada uno de nosotros es un eslabón de esa cadena: un paso adelante, siempre; como un río que irriga. Así es la gracia de Dios y así es nuestra fe, que debemos transmitir a nuestros hijos, transmitir a los niños, para que ellos, cuando sean adultos, puedan transmitirla a sus hijos. Así es el Bautismo. ¿Por qué? Porque el Bautismo nos hace entrar en este Pueblo de Dios que transmite la fe. Esto es muy importante. Un Pueblo de Dios que camina y transmite la fe.

En virtud del Bautismo nos convertimos en *discípulos misioneros*, llamados a llevar el Evangelio al mundo (cf. Exhort. ap. *Evangelii gaudium*, 120). «Cada uno de los bautizados, cualquiera que sea su función en la Iglesia y el grado de ilustración de su fe, es un agente evangelizador... La nueva evangelización debe implicar un nuevo protagonismo» (*ibid.*) de todos, de todo el pueblo de Dios, un nuevo protagonismo de cada uno de los bautizados. El Pueblo de Dios es un *Pueblo discípulo* —porque recibe la fe— *y misionero* —porque transmite la fe—. Y esto hace el Bautismo en nosotros: nos dona la Gracia y transmite la fe. Todos en la Iglesia somos discípulos, y lo somos siempre, para toda la vida; y todos somos misioneros, cada uno en el sitio que el Señor le ha asignado. Todos: el más pequeño es también misionero; y quien parece más grande es discípulo. Pero alguno de vosotros dirá: «Los obispos no son discípulos, los obispos lo saben todo; el Papa lo sabe todo, no es discípulo». No, incluso los obispos y el Papa deben ser discípulos, porque si no son discípulos no hacen el bien, no pueden ser misioneros, no pueden transmitir la fe. Todos nosotros somos discípulos y misioneros.

Existe un vínculo indisoluble entre la dimensión *mística* y la dimensión *misionera* de la vocación cristiana, ambas radicadas en el Bautismo. «Al recibir la fe y el bautismo, los cristianos acogemos la acción del Espíritu Santo que lleva a confesar a Jesús como Hijo de Dios y a llamar a Dios «Abba», Padre. Todos los bautizados y bautizadas... estamos llamados a vivir y transmitir la comunión con la Trinidad, pues la evangelización es un llamado a la participación de la comunión trinitaria» (*Documento conclusivo de Aparecida*, n. 157).

Nadie se salva solo. Somos comunidad de creyentes, somos Pueblo de Dios y en esta comunidad experimentamos la belleza de compartir la experiencia de un amor que nos precede a todos, pero que al mismo tiempo nos pide ser «canales» de la gracia los unos para los otros, a pesar de nuestros límites y nuestros pecados. La dimensión comunitaria no es sólo un «marco», un «contorno», sino que es parte integrante de la vida cristiana, del testimonio y de la evangelización. La fe cristiana nace y vive en la Iglesia, y en el Bautismo las familias y las parroquias celebran la incorporación de un nuevo miembro a Cristo y a su Cuerpo que es la Iglesia (cf. *ibid.*, n. 175 b).

A propósito de la importancia del Bautismo para el Pueblo de Dios, es ejemplar la historia de la *comunidad cristiana en Japón*. Ésta sufrió una dura persecución a inicios del siglo XVII. Hubo numerosos mártires, los miembros del clero fueron expulsados y miles de fieles fueron asesinados. No quedó ningún sacerdote en Japón, todos fueron expulsados. Entonces la comunidad se retiró a la clandestinidad, conservando la fe y la oración en el ocultamiento. Y cuando nacía un niño, el papá o la mamá, lo bautizaban, porque todos los fieles pueden bautizar en circunstancias especiales. Cuando, después de casi dos siglos y medio, 250 años más tarde, los misioneros regresaron a Japón, miles de cristianos salieron a la luz y la Iglesia pudo reflorecer. Habían sobrevivido con la gracia de su Bautismo. Esto es grande: el Pueblo de Dios transmite la fe, bautiza a sus hijos y sigue adelante. Y conservaron, incluso en secreto, un fuerte espíritu comunitario, porque el Bautismo los había convertido en un solo cuerpo en Cristo: estaban aislados y ocultos, pero eran siempre miembros del Pueblo de Dios, miembros de la Iglesia. ¡Mucho podemos aprender de esta historia!

Unidos y conformados a Jesús

Nos detenemos ahora en la Confirmación, que se entiende en continuidad con el Bautismo, al cual está vinculado de modo inseparable. Estos dos sacramentos, juntamente con la Eucaristía, forman un único evento salvífico, que se llama —«iniciación cristiana»—, en el que somos introducidos en Jesucristo muerto y resucitado, y nos convertimos en nuevas creaturas y miembros de la Iglesia. He aquí por qué en los orígenes estos tres sacramentos se celebraban en un único momento, al término del camino catecumenal, normalmente en la

Vigilia pascual. Así se sellaba el itinerario de formación y de inserción gradual en la comunidad cristiana que podía durar incluso algunos años. Se hacía paso a paso para llegar al Bautismo, luego a la Confirmación y a la Eucaristía.

Comúnmente se habla de sacramento de la «Cresima» [en italiano], palabra que significa «unción». Y, en efecto, a través del óleo llamado «sagrado Crisma» somos conformados, con el poder del Espíritu, a Jesucristo, quien es el único auténtico «ungido», el «Mesías», el Santo de Dios. El término «Confirmación» nos recuerda luego que este sacramento aporta un crecimiento de la gracia bautismal: nos une más firmemente a Cristo; conduce a su realización nuestro vínculo con la Iglesia; nos concede una fuerza especial del Espíritu Santo para difundir y defender la fe, para confesar el nombre de Cristo y para no avergonzarnos nunca de su cruz (cf. *Catecismo de la Iglesia católica*, n. 1303).

Por esto es importante estar atentos para que nuestros niños, nuestros muchachos, reciban este sacramento. Todos nosotros estamos atentos de que sean bautizados y esto es bueno, pero tal vez no estamos muy atentos a que reciban la Confirmación. De este modo quedarán a mitad de camino y no recibirán el Espíritu Santo, que es tan importante en la vida cristiana, porque nos da la fuerza para seguir adelante. Pensemos un poco, cada uno de nosotros: ¿tenemos de verdad la preocupación de que nuestros niños, nuestros chavales reciban la Confirmación? Esto es importante, es importante. Y si vosotros, en vuestra casa, tenéis niños, muchachos, que aún no la han recibido y tienen la edad para recibirla, haced todo lo posible para que lleven a término su iniciación cristiana y reciban la fuerza del Espíritu Santo. ¡Es importante!

Naturalmente es importante ofrecer a los confirmandos una buena preparación, que debe estar orientada a conducirlos hacia una adhesión personal a la fe en Cristo y a despertar en ellos el sentido de pertenencia a la Iglesia.

La Confirmación, como cada sacramento, no es obra de los hombres, sino de Dios, quien se ocupa de nuestra vida para modelarnos a imagen de su Hijo, para hacernos capaces de amar como Él. Lo hace infundiendo en nosotros su Espíritu Santo, cuya acción impregna a toda la persona y toda la vida, como se trasluce de los siete dones que la Tradición, a la luz de la Sagrada Escritura, siempre ha evidenciado. Estos siete dones: no quiero preguntaros si os recordáis de los siete dones. Tal vez todos los sabéis... Pero los digo en vuestro nombre. ¿Cuáles son estos dones? Sabiduría, inteligencia, consejo, fortaleza, ciencia, piedad y temor de Dios. Y estos dones nos han sido dados precisamente con el Espíritu Santo en el sacramento de la Confirmación. A estos dones quiero dedicar las catequesis que seguirán luego de los sacramentos.

Cuando acogemos el Espíritu Santo en nuestro corazón y lo dejamos obrar, Cristo mismo se hace presente en nosotros y toma forma en nuestra vida; a través de nosotros, será Él, Cristo mismo, quien reza, perdona, infunde esperanza y consuelo, sirve a los hermanos, se hace cercano a los necesitados y a los últimos, crea comunión, siembra paz. Pensad cuán importante es esto: por medio del Espíritu Santo, Cristo mismo viene a hacer todo esto entre nosotros y por nosotros. Por ello es importante que los niños y los muchachos reciban el sacramento de la Confirmación.

Queridos hermanos y hermanas, recordemos que hemos recibido la Confirmación. ¡Todos nosotros! Recordémoslo ante todo para dar gracias al Señor por este don, y, luego, para pedirle que nos ayude a vivir como cristianos auténticos, a caminar siempre con alegría conforme al Espíritu Santo que se nos ha dado.

El sacramento del amor

Hoy os hablaré de la Eucaristía. La Eucaristía se sitúa en el corazón de la «iniciación cristiana», juntamente con el Bautismo y la Confirmación, y constituye la fuente de la vida misma de la Iglesia. De este sacramento del amor, en efecto, brota todo auténtico camino de fe, de comunión y de testimonio.

Lo que vemos cuando nos reunimos para celebrar la Eucaristía, la misa, nos hace ya intuir lo que estamos por vivir. En el centro del espacio destinado a la celebración se encuentra el altar, que es una mesa, cubierta por un mantel, y esto nos hace pensar en un banquete. Sobre la mesa hay una cruz, que indica que sobre ese altar se ofrece el sacrificio de Cristo: es Él el alimento espiritual que allí se recibe, bajo los signos del pan y del vino. Junto a la mesa está el ambón, es decir, el lugar desde el que se proclama la Palabra de Dios: y esto indica que allí se reúnen para escuchar al Señor que habla mediante las Sagradas Escrituras, y, por lo tanto, el alimento que se recibe es también su Palabra.

Palabra y pan en la misa se convierten en una sola cosa, como en la Última Cena, cuando todas las palabras de Jesús, todos los signos que realizó, se condensaron en el gesto de partir el pan y ofrecer el cáliz, anticipo del sacrificio de la cruz, y en aquellas palabras: «Tomad, comed, éste es mi cuerpo... Tomad, bebed, ésta es mi sangre».

El gesto de Jesús realizado en la Última Cena es la gran acción de gracias al Padre por su amor, por su misericordia. «Acción de gracias» en griego se dice «eucaristía». Y por ello el sacramento se llama Eucaristía: es la suprema acción de gracias al Padre, que nos ha amado tanto que nos dio a su Hijo por amor. He aquí por qué el término Eucaristía resume todo ese gesto, que es gesto de Dios y del hombre juntamente, gesto de Jesucristo, verdadero Dios y verdadero hombre.

Por lo tanto, la celebración eucarística es mucho más que un simple banquete: es precisamente el memorial de la Pascua de Jesús, el misterio central de la salvación. «Memorial» no significa sólo un recuerdo, un simple recuerdo, sino que quiere decir que cada vez que celebramos este sacramento participamos en el misterio de la pasión, muerte y resurrección de Cristo. La Eucaristía constituye la cumbre de la acción de salvación de Dios: el Señor Jesús, haciéndose pan partido por nosotros, vuelca, en efecto, sobre nosotros toda su misericordia y su amor, de tal modo que renueva nuestro corazón, nuestra existencia y nuestro modo de relacionarnos con Él y con los hermanos. Es por ello que comúnmente, cuando nos acercamos a este sacramento, decimos «recibir la Comunión», «comulgar»: esto significa que en el poder del Espíritu Santo, la participación en la mesa eucarística nos conforma de modo único y profundo a Cristo, haciéndonos pregustar ya ahora la plena comunión con el Padre que caracterizará el banquete celestial, donde con todos los santos tendremos la alegría de contemplar a Dios cara a cara.

Queridos amigos, no agradeceremos nunca bastante al Señor por el don que nos ha hecho con la Eucaristía. Es un don tan grande y, por ello, es tan importante ir a misa el domingo. Ir a misa no sólo para rezar, sino para recibir la Comunión, este pan que es el cuerpo de Jesucristo que nos salva, nos perdona, nos une al Padre. ¡Es hermoso hacer esto! Y todos los domingos vamos a misa, porque es precisamente el día de la resurrección del Señor. Por ello el domingo es tan importante para nosotros. Y con la Eucaristía sentimos precisamente esta pertenencia a la Iglesia, al Pueblo de Dios, al Cuerpo de Dios, a Jesucristo. No acabaremos nunca de entender todo su valor y riqueza. Pidámosle, entonces, que este sacramento siga manteniendo viva su presencia en la

Iglesia y que plasme nuestras comunidades en la caridad y en la comunión, según el corazón del Padre. Y esto se hace durante toda la vida, pero se comienza a hacerlo el día de la primera Comunión. Es importante que los niños se preparen bien para la primera Comunión y que cada niño la reciba, porque es el primer paso de esta pertenencia fuerte a Jesucristo, después del Bautismo y la Confirmación.

Vivir la Eucaristía

Hemos destacado cómo la Eucaristía nos introduce en la comunión real con Jesús y su misterio. Ahora podemos plantearnos algunas preguntas respecto a la relación entre la Eucaristía que celebramos y nuestra vida, como Iglesia y como cristianos. *¿Cómo vivimos la Eucaristía?* Cuando vamos a misa el domingo, ¿cómo la vivimos? ¿Es sólo un momento de fiesta, es una tradición consolidada, es una ocasión para encontrarnos o para sentirnos bien, o es algo más?

Hay indicadores muy concretos para comprender cómo vivimos todo esto, cómo vivimos la Eucaristía; indicadores que nos dicen si vivimos bien la Eucaristía o no la vivimos tan bien. El primer indicio es nuestro *modo de mirar y considerar a los demás*. En la Eucaristía Cristo vive siempre de nuevo el don de sí realizado en la Cruz. Toda su vida es un acto de total entrega de sí por amor; por ello, a Él le gustaba estar con los discípulos y con las personas que tenía ocasión de conocer. Esto significaba para Él compartir sus deseos, sus problemas, lo que agitaba su alma y su vida. Ahora, nosotros, cuando participamos en la santa misa, nos encontramos con hombres y mujeres de todo tipo: jóvenes, ancianos, niños; pobres y acomodados; originarios del lugar y extranjeros; acompañados por familiares y solos... ¿Pero la Eucaristía que celebro, me lleva a sentirles a todos, verdaderamente, como hermanos y hermanas? ¿Hace crecer en mí la capacidad de alegrarme con quien se alegra y de llorar con quien llora? ¿Me impulsa a ir hacia los pobres, los enfermos, los marginados? ¿Me ayuda a reconocer en ellos el rostro de Jesús? Todos nosotros vamos a misa porque amamos a Jesús y queremos compartir, en la Eucaristía, su pasión y su resurrección. ¿Pero amamos, como quiere Jesús, a aquellos hermanos y hermanas más necesitados? Por ejemplo, en Roma en estos días hemos visto muchos malestares sociales o por la lluvia, que causó numerosos daños en barrios enteros, o por la falta de trabajo, consecuencia de la crisis económica en todo el mundo. Me pregunto, y que cada uno de nosotros se pregunte: Yo, que voy a misa, ¿cómo vivo esto? ¿Me preocupo por ayudar, acercarme, rezar por quienes tienen este problema? ¿O bien, soy un poco indiferente? ¿O tal vez me preocupo de murmurar: Has visto cómo está vestida aquélla, o cómo está vestido aquél? A veces se hace esto después de la misa, y no se debe hacer. Debemos preocuparnos de nuestros hermanos y de nuestras hermanas que pasan necesidad por una enfermedad, por un problema. […]

Un segundo indicio, muy importante, es la gracia de *sentirse perdonados y dispuestos a perdonar*. A veces alguien pregunta: «¿Por qué se debe ir a la iglesia, si quien participa habitualmente en la santa misa es pecador como los demás?». ¡Cuántas veces lo hemos escuchado! En realidad, quien celebra la Eucaristía no lo hace porque se considera o quiere aparentar ser mejor que los demás, sino precisamente porque se reconoce siempre necesitado de ser acogido y regenerado por la misericordia de Dios, hecha carne en Jesucristo. Si cada uno de nosotros no se siente necesitado de la misericordia de Dios, no se siente pecador, es mejor que no vaya a misa. Nosotros vamos a misa porque somos pecadores y queremos recibir el perdón de

Dios, participar en la redención de Jesús, en su perdón. El «yo confieso» que decimos al inicio no es un *«pro forma»*, es un auténtico acto de penitencia. Yo soy pecador y lo confieso, así empieza la misa. No debemos olvidar nunca que la Última Cena de Jesús tuvo lugar «en la noche en que iba a ser entregado» (1 Cor 11, 23). En ese pan y en ese vino que ofrecemos y en torno a los cuales nos reunimos se renueva cada vez el don del cuerpo y de la sangre de Cristo para la remisión de nuestros pecados. Debemos ir a misa humildemente, como pecadores, y el Señor nos reconcilia.

Un último indicio precioso nos ofrece la relación entre la celebración eucarística y *la vida de nuestras comunidades cristianas*. Es necesario tener siempre presente que la Eucaristía no es algo que hacemos nosotros; no es una conmemoración nuestra de lo que Jesús dijo e hizo. No. Es precisamente una acción de Cristo. Es Cristo quien actúa allí, que está en el altar. Es un don de Cristo, quien se hace presente y nos reúne en torno a sí, para nutrirnos con su Palabra y su vida. Esto significa que la misión y la identidad misma de la Iglesia brotan de allí, de la Eucaristía, y allí siempre toman forma. Una celebración puede resultar incluso impecable desde el punto de vista exterior, bellísima, pero si no nos conduce al encuentro con Jesucristo, corre el riesgo de no traer ningún sustento a nuestro corazón y a nuestra vida. A través de la Eucaristía, en cambio, Cristo quiere entrar en nuestra existencia e impregnarla con su gracia, de tal modo que en cada comunidad cristiana exista esta coherencia entre liturgia y vida.

El corazón se llena de confianza y esperanza pensando en las palabras de Jesús citadas en el Evangelio: «El que come mi carne y bebe mi sangre tiene vida eterna, y yo lo resucitaré en el último día» (Jn 6,54). Vivamos la Eucaristía con espíritu de fe, de oración, de perdón, de penitencia, de alegría comunitaria, de atención hacia los necesitados y hacia las necesidades de tantos hermanos y hermanas, con la certeza de que el Señor cumplirá lo que nos ha prometido: la vida eterna.

La fuerza del perdón

A través de los sacramentos de iniciación cristiana, el Bautismo, la Confirmación y la Eucaristía, el hombre recibe la vida nueva en Cristo. Ahora, todos lo sabemos, llevamos esta vida «en vasijas de barro» (2 Cor 4,7), estamos aún sometidos a la tentación, al sufrimiento, a la muerte y, a causa del pecado, podemos incluso perder la nueva vida. Por ello el Señor Jesús quiso que la Iglesia continúe su obra de salvación también hacia los propios miembros, en especial con el sacramento de la Reconciliación y la Unción de los enfermos, que se pueden unir con el nombre de «sacramentos de curación». El sacramento de la Reconciliación es un sacramento de curación. Cuando yo voy a confesarme es para sanarme, curar mi alma, sanar el corazón y algo que hice y no funciona bien. La imagen bíblica que mejor los expresa, en su vínculo profundo, es el episodio del perdón y de la curación del paralítico, donde el Señor Jesús se revela al mismo tiempo médico de las almas y los cuerpos (cf. Mc 2,1-12; Mt 9,1-8; Lc 5,17-26).

El sacramento de la Penitencia y de la Reconciliación brota directamente del misterio pascual. En efecto, la misma tarde de la Pascua el Señor se aparece a los discípulos, encerrados en el cenáculo, y, tras dirigirles el saludo «Paz a vosotros», sopló sobre ellos y dijo: «Recibid el Espíritu Santo; a quienes les perdonéis los pecados, les quedan perdonados» (Jn 20, 21-23). Este pasaje nos descubre la dinámica más profunda contenida en este sacramento. Ante todo, el hecho de que el perdón de nuestros pecados no es algo que podamos darnos nosotros mismos. Yo no puedo decir: me perdono los pecados. El perdón se pide, se pide a otro, y en la Confesión pedimos el perdón a Jesús. El perdón no es fruto de nuestros esfuerzos, sino que es un regalo, es un don del Espíritu Santo, que nos llena de la purificación de misericordia y de gracia que brota incesantemente del corazón abierto de par en par de Cristo crucificado y resucitado. En segundo lugar, nos recuerda que sólo si nos dejamos reconciliar en el Señor Jesús con el Padre y con los hermanos podemos estar verdaderamente en la paz. Y esto lo hemos sentido todos en el corazón cuando vamos a confesarnos, con un peso en el alma, un poco de tristeza; y cuando recibimos el perdón de Jesús estamos en paz, con esa paz del alma tan bella que sólo Jesús puede dar, sólo Él.

A lo largo del tiempo, la celebración de este sacramento pasó de una forma pública —porque al inicio se hacía públicamente— a la forma personal, a la forma reservada de la Confesión. Sin embargo, esto no debe hacer perder la fuente eclesial, que constituye el contexto vital. En efecto, es la comunidad cristiana el lugar donde se hace presente el Espíritu, quien renueva los corazones en el amor de Dios y hace de todos los hermanos una cosa sola, en Cristo Jesús. He aquí, entonces, por qué no basta pedir perdón al Señor en la propia mente y en el propio corazón, sino que es necesario confesar humilde y confiadamente los propios pecados al ministro de la Iglesia. En la celebración de este sacramento, el sacerdote no representa sólo a Dios, sino a toda la comunidad, que se reconoce en la fragilidad de cada uno de sus miembros, que escucha conmovida su arrepentimiento, que se reconcilia con Él, que le alienta y le acompaña en el camino de conversión y de maduración humana y cristiana. Uno puede decir: yo me confieso sólo con Dios. Sí, tú puedes decir a Dios «perdóname», y decir tus pecados, pero nuestros pecados son también contra los hermanos, contra la Iglesia. Por ello es necesario pedir perdón a la Iglesia, a los hermanos, en la persona del sacerdote. «Pero padre, yo me avergüenzo...». Incluso la vergüenza es buena, es salud tener un poco de vergüenza, porque avergonzarse es saludable. Cuando una persona no tiene vergüenza, en mi país decimos que es un «sinvergüenza». Pero incluso la vergüenza hace bien, porque nos hace humildes, y el sacerdote recibe con amor y con ternura esta confesión, y en nombre de Dios perdona. También desde el punto de vista humano, para desahogarse, es bueno hablar con el hermano y decir al sacerdote estas cosas, que tanto pesan a mi corazón. Y uno siente que se desahoga ante Dios, con la Iglesia, con el hermano. No tener miedo de la Confesión. Uno, cuando está en la fila para confesarse, siente todas estas cosas, incluso la vergüenza, pero después, cuando termina la Confesión sale libre, grande, hermoso, perdonado, blanco, feliz. ¡Esto es lo hermoso de la Confesión! Quisiera preguntaros —pero no lo digáis en voz alta, que cada uno responda en su corazón—: ¿cuándo fue la última vez que te confesaste? Cada uno piense en ello... ¿Son dos días, dos semanas, dos años, veinte años, cuarenta años? Cada uno haga cuentas, pero que cada uno se pregunte: ¿cuándo fue la última vez que me confesé? Y si pasó mucho tiempo, no perder un día más, ve, que el sacerdote será bueno. Jesús está allí, y Jesús es más bueno que los sacerdotes, Jesús te recibe, te recibe con mucho amor. Sé valiente y ve a la Confesión.

Queridos amigos, celebrar el sacramento de la Reconciliación significa ser envueltos en un abrazo caluroso: es el abrazo de la infinita misericordia del Padre. Recordemos la hermosa, hermosa parábola del hijo que se marchó de su casa con el dinero de la herencia; gastó todo el dinero, y luego, cuando ya no tenía nada, decidió volver a casa, no como hijo, sino como siervo. Tenía tanta culpa y tanta vergüenza en su corazón. La sorpresa fue que cuando comenzó a hablar, a pedir perdón, el padre no le dejó hablar, le abrazó, le besó e hizo fiesta. Pero yo os digo: cada vez que nos confesamos, Dios nos abraza, Dios hace fiesta. Sigamos adelante por este camino.

La compasión de Dios

Hoy quisiera hablaros del sacramento de la Unción de los enfermos, que nos permite tocar con la mano la compasión de Dios por el hombre. Antiguamente se le llamaba «Extrema unción», porque se entendía como un consuelo espiritual en la inminencia de la muerte. Hablar, en cambio, de «Unción de los enfermos» nos ayuda a ampliar la mirada a la experiencia de la enfermedad y del sufrimiento, en el horizonte de la misericordia de Dios.

Hay una imagen bíblica que expresa en toda su profundidad el misterio que trasluce en la Unción de los enfermos: es la parábola del «buen samaritano», en el Evangelio de Lucas (10, 30-35). Cada vez que celebramos ese sacramento, el Señor Jesús, en la persona del sacerdote, se hace cercano a quien sufre y está gravemente enfermo, o es anciano. Dice la parábola que el buen samaritano se hace cargo del hombre que sufre, derramando sobre sus heridas aceite y vino. El aceite nos hace pensar en el que bendice el obispo cada año, en la misa crismal del Jueves Santo, precisamente en vista de la Unción de los enfermos. El vino, en cambio, es signo del amor y de la gracia de Cristo que brotan del don de su vida por nosotros y se expresan en toda su riqueza en la vida sacramental de la Iglesia. Por último, se confía a la persona que sufre a un hotelero, a fin de que pueda seguir cuidando de ella, sin preocuparse por los gastos. Bien, ¿quién es este hotelero? Es la Iglesia, la comunidad cristiana, somos nosotros, a quienes el Señor Jesús, cada día, confía a quienes tienen aflicciones, en el cuerpo y en el espíritu, para que podamos seguir derramando sobre ellos, sin medida, toda su misericordia y la salvación.

Este mandato se recalca de manera explícita y precisa en la Carta de Santiago, donde se dice: «¿Está enfermo alguno de vosotros? Llame a los presbíteros de la Iglesia, que recen por él y lo unjan con el óleo en el nombre del Señor. La oración hecha con fe salvará al enfermo y el Señor lo restablecerá; y si hubiera cometido algún pecado, le será perdonado» (5, 14-15). Se trata, por lo tanto, de una praxis ya en uso en el tiempo de los Apóstoles. Jesús, en efecto, enseñó a sus discípulos a tener su misma predilección por los enfermos y por quienes sufren y les transmitió la capacidad y la tarea de seguir dispensando en su nombre y según su corazón alivio y paz, a través de la gracia especial de ese sacramento. Esto, sin embargo, no nos debe hacer caer en la búsqueda obsesiva del milagro o en la presunción de poder obtener siempre y de todos modos la curación. Sino que es la seguridad de la cercanía de Jesús al enfermo y también al anciano, porque cada anciano, cada persona de más de 65 años, puede recibir este sacramento, mediante el cual es Jesús mismo quien se acerca a nosotros.

Pero cuando hay un enfermo muchas veces se piensa: «llamemos al sacerdote para que venga». «No, después trae mala suerte, no le llamemos», o bien «luego se asusta el enfermo». ¿Por qué se piensa esto? Porque existe un poco la idea de que después del sacerdote llega el servicio fúnebre. Y esto no es verdad. El sacerdote viene para ayudar al enfermo o al anciano; por ello es tan importante la visita de los sacerdotes a los enfermos. Es necesario llamar al sacerdote junto al enfermo y decir: «vaya, le dé la unción, bendígale». Es Jesús mismo quien llega para aliviar al enfermo, para darle fuerza, para darle esperanza, para ayudarle; también para perdonarle los pecados. Y esto es hermoso. No hay que pensar que esto es un *tabú*, porque es siempre hermoso saber que en el momento del dolor y de la enfermedad no estamos solos: el sacerdote y quienes están presentes durante la Unción de los enfermos representan, en efecto, a toda la comunidad cristiana que, como un único cuerpo nos reúne alrededor de quien sufre y de los familiares, alimentando en ellos la fe y la esperanza, y sosteniéndolos con la oración y el calor fraterno. Pero el consuelo más grande deriva del hecho de que quien se hace presente en el sacramento es el Señor Jesús mismo, que nos toma de la mano, nos acaricia como hacía con los enfermos y nos recuerda que le pertenecemos y que nada —ni siquiera el mal y la muerte— podrá jamás separarnos de Él. ¿Tenemos esta costumbre de llamar al sacerdote para que venga a nuestros enfermos —no digo enfermos de gripe, de tres o cuatro días, sino cuando es una enfermedad seria— y también a nuestros ancianos, y les dé este sacramento, este consuelo, esta fuerza de Jesús para seguir adelante? ¡Hagámoslo!

El ministerio del servicio

Hemos tenido ya ocasión de destacar que los tres sacramentos: Bautismo, Confirmación y Eucaristía constituyen juntos el misterio de la «iniciación cristiana», un único y gran acontecimiento de gracia que nos regenera en Cristo. Es esta la vocación fundamental que une a todos en la Iglesia, como discípulos del Señor Jesús. Hay luego dos sacramentos que corresponden a dos vocaciones específicas: se trata del Orden y del Matrimonio. Ellos constituyen dos grandes caminos a través de los cuales el cristiano puede hacer de la propia vida un don de amor, siguiendo el ejemplo y en el nombre de Cristo, y así cooperar en la edificación de la Iglesia.

El Orden, constituido por los tres grados de episcopado, presbiterado y diaconado, es el sacramento que habilita para el ejercicio del ministerio, confiado por el Señor Jesús a los Apóstoles, de apacentar su rebaño, con el poder de su Espíritu y según su corazón. Apacentar el rebaño de Jesús no con el poder de la fuerza humana o con el propio poder, sino con el poder del Espíritu y según su corazón, el corazón de Jesús que es un corazón de amor. El sacerdote, el obispo, el diácono debe apacentar el rebaño del Señor con amor. Si no lo hace con amor no sirve. Y en ese sentido, los ministros que son elegidos y consagrados para este servicio prolongan en el tiempo la presencia de Jesús, si lo hacen con el poder del Espíritu Santo en nombre de Dios y con amor.

Un primer aspecto. Aquellos que son ordenados son puestos *al frente de la comunidad*. Están «al frente» sí, pero para Jesús significa poner la propia autoridad *al servicio*, como Él mismo demostró y enseñó a los discípulos con estas palabras: «Sabéis que los jefes de los pueblos los tiranizan y que los grandes los oprimen. No será así entre vosotros; el que quiera ser grande entre vosotros, que sea vuestro servidor, y el que quiera ser el primero entre vosotros, que sea vuestro esclavo. Igual que el Hijo del hombre no ha venido a ser servido sino a servir y a dar su vida en rescate por muchos» (Mt 20,25-28 / Mc 10,42-45). Un obispo que no está al servicio de la comunidad no hace bien; un sacerdote, un presbítero que no está al servicio de su comunidad no hace bien, se equivoca.

Otra característica que deriva siempre de esta unión sacramental con Cristo es *el amor apasionado por la Iglesia*. Pensemos en ese pasaje de la Carta a los Efesios donde san Pablo dice que Cristo «amó a su Iglesia: Él se entregó a sí mismo por ella, para consagrarla, purificándola con el baño del agua y la palabra, y para presentársela gloriosa, sin mancha ni arruga ni nada semejante, sino santa e inmaculada» (5,25-27). En virtud del Orden el ministro se entrega por entero a la propia comunidad y la ama con todo el corazón: es su familia. El obispo, el sacerdote aman a la Iglesia en la propia comunidad, la aman fuertemente. ¿Cómo? Como Cristo ama a la Iglesia. Lo mismo dirá san Pablo del matrimonio: el esposo ama a su esposa como Cristo ama a la Iglesia. Es un misterio grande de amor: el ministerio sacerdotal y el del matrimonio, dos sacramentos que son el camino por el cual las personas van habitualmente al Señor.

Un último aspecto. El apóstol Pablo recomienda al discípulo Timoteo que no descuide, es más, que *reavive siempre el don que está en él.* El don que le fue dado por la imposición de las manos (cf. 1 Tm 4, 14; 2 Tm 1, 6). Cuando no se alimenta el ministerio, el ministerio del obispo, el ministerio del sacerdote, con la oración, con la escucha de la Palabra de Dios y con la celebración cotidiana de la Eucaristía, y también con una frecuentación al Sacramento de la Penitencia, se termina inevitablemente por perder de vista el sentido auténtico del propio servicio y la alegría que deriva de una profunda comunión con Jesús.

El obispo que no reza, el obispo que no escucha la Palabra de Dios, que no celebra todos los días, que no se confiesa regularmente, y el sacerdote mismo que no hace estas cosas, a la larga pierde la unión con Jesús y se convierte en una mediocridad que no hace bien a la Iglesia. Por ello debemos ayudar a los obispos y a los sacerdotes a rezar, a escuchar la Palabra de Dios, que es el alimento cotidiano, a celebrar cada día la Eucaristía y a confesarse habitualmente. Esto es muy importante porque concierne precisamente a la santificación de los obispos y los sacerdotes.

Quisiera terminar con algo que me viene a la mente: pero, ¿cómo se debe hacer para llegar a ser sacerdote? ¿Dónde se venden las entradas al sacerdocio? No. No se venden. Es una iniciativa que toma el Señor. El Señor llama. Llama a cada uno de los que Él quiere que lleguen a ser sacerdotes. Tal vez aquí hay algunos jóvenes que han sentido en su corazón esta llamada, el deseo de llegar a ser sacerdotes, las ganas de servir a los demás en las cosas que vienen de Dios, las ganas de estar toda la vida al servicio para catequizar, bautizar, perdonar, celebrar la Eucaristía, atender a los enfermos... y toda la vida así. Si alguno de vosotros ha sentido esto en el corazón es Jesús quien lo ha puesto allí. Cuidad esta invitación y rezad para que crezca y dé fruto en toda la Iglesia.

El valor del matrimonio cristiano

Concluimos esta parte sobre los sacramentos hablando del matrimonio. Este sacramento nos conduce al corazón del designio de Dios, que es un designio de alianza con su pueblo, con todos nosotros, un designio de comunión. Al inicio del libro del Génesis, el primer libro de la Biblia, como coronación del relato de la creación se dice: «Dios creó al hombre a su imagen, a imagen de Dios lo creó, varón y mujer los creó... Por eso abandonará el varón a su padre y a su madre, se unirá a su mujer y serán los dos una sola carne» (Gn 1,27; 2,24). La imagen de Dios es la pareja matrimonial: el hombre y la mujer; no sólo el hombre, no sólo la mujer, sino los dos. Ésta es la imagen de Dios: el amor, la alianza de Dios con nosotros está representada en esa alianza entre el hombre y la mujer. Y esto es hermoso. Somos creados para amar, como reflejo de Dios y de su amor. Y en la unión conyugal el hombre y la mujer realizan esta vocación en el signo de la reciprocidad y de la comunión de vida plena y definitiva.

Cuando un hombre y una mujer celebran el sacramento del matrimonio, Dios, por decirlo así, se «refleja» en ellos, imprime en ellos los propios rasgos y el carácter indeleble de su amor. El matrimonio es la imagen del amor de Dios por nosotros. También Dios, en efecto, es comunión: las tres Personas del Padre, Hijo y Espíritu Santo viven desde siempre y para siempre en unidad perfecta. Y es precisamente éste el misterio del matrimonio: Dios hace de los dos esposos una sola existencia. La Biblia usa una expresión fuerte y dice «una sola carne», tan íntima es la unión entre el hombre y la mujer en el matrimonio. Y es precisamente éste el misterio del matrimonio: el amor de Dios que se refleja en el hombre y la mujer que deciden vivir juntos. Por esto el hombre deja su casa, la casa de sus padres y va a vivir con su mujer y se une tan fuertemente a ella que los dos se convierten —dice la Biblia— en una sola carne.

San Pablo, en la Carta a los Efesios, pone de relieve que en los esposos cristianos se refleja un misterio grande: la relación instaurada por Cristo con la Iglesia, una relación nupcial (cf. Ef 5,21-33). La Iglesia es la esposa de Cristo. Ésta es la relación. Esto significa que el matrimonio responde a una vocación específica y debe considerarse como una consagración (cf. *Gaudium et spes*, 48; *Familiaris consortio*, 56). Es una consagración: el hombre y la mujer son consagrados en su amor. Los esposos, en efecto, en virtud del sacramento, son investidos de una auténtica misión, para que puedan hacer visible, a partir de las cosas sencillas, ordinarias, el amor con el que Cristo ama a su Iglesia, que sigue entregando la vida por ella, en la fidelidad y en el servicio.

Es verdaderamente un designio estupendo lo que es connatural en el sacramento del matrimonio. Y se realiza en la sencillez y también en la fragilidad de la condición humana. Sabemos bien cuántas dificultades y pruebas tiene la vida de dos esposos... Lo importante es mantener viva la relación con Dios, que es el fundamento del vínculo conyugal. Y la relación auténtica es siempre con el Señor. Cuando la familia reza, el vínculo se mantiene. Cuando el esposo reza por la esposa y la esposa reza por el esposo, ese vínculo llega a ser fuerte; uno reza por el otro. Es verdad que en la vida matrimonial hay muchas dificultades, muchas; que el trabajo, que el dinero no es suficiente, que los niños tienen problemas. Muchas dificultades. Y muchas veces el marido y la mujer llegan a estar un poco nerviosos y riñen entre ellos. Pelean, es así, siempre se pelea en el matrimonio, algunas veces vuelan los platos. Pero no debemos ponernos tristes por esto, la condición humana es así. Y el secreto es que el amor es más fuerte que el momento en que se riñe, por ello aconsejo siempre a los esposos: no terminar la jornada en la que habéis peleado sin hacer las paces.

¡Siempre! Y para hacer las paces no es necesario llamar a las Naciones Unidas a que vengan a casa a hacer las paces. Es suficiente un pequeño gesto, una caricia, y adiós. Y ¡hasta mañana! Y mañana se comienza otra vez. Ésta es la vida, llevarla adelante así, llevarla adelante con el valor de querer vivirla juntos. Y esto es grande, es hermoso. La vida matrimonial es algo hermoso y debemos custodiarla siempre, custodiar a los hijos. Otras veces he dicho en esta plaza una cosa que ayuda mucho en la vida matrimonial. Son tres palabras que se deben decir siempre, tres palabras que deben estar en la casa: permiso, gracias y perdón. Las tres palabras mágicas. *Permiso*: para no ser entrometido en la vida del cónyuge. Permiso, ¿qué te parece? Permiso, ¿puedo? *Gracias*: dar las gracias al cónyuge; gracias por lo que has hecho por mí, gracias por esto. Esa belleza de dar las gracias. Y como todos nosotros nos equivocamos, esa otra palabra que es un poco difícil de pronunciar, pero que es necesario decirla: *Perdona*. Permiso, gracias y perdón. Con estas tres palabras, con la oración del esposo por la esposa y viceversa, con hacer las paces siempre antes de que termine la jornada, el matrimonio irá adelante. Las tres palabras mágicas, la oración y hacer las paces siempre.

III

LOS DONES DEL CAMINO

El don del Espíritu Santo

«Se llenaron todos de Espíritu Santo» (Hch 2,4). Hablando a los Apóstoles en la Última Cena, Jesús dijo que, tras marcharse de este mundo, les enviaría *el don del Padre*, es decir, el Espíritu Santo (cf. Jn 15,26). Esta promesa se realizó con poder el día de Pentecostés, cuando el Espíritu Santo descendió sobre los discípulos reunidos en el Cenáculo. Esa efusión, si bien extraordinaria, no fue única y limitada a ese momento, sino que se trata de un acontecimiento que se ha renovado y se renueva aún. Cristo glorificado a la derecha del Padre sigue cumpliendo su promesa, enviando a la Iglesia el Espíritu vivificante, que nos *enseña* y nos *recuerda* y nos *hace hablar*.

El Espíritu Santo *nos enseña*: es el Maestro interior. Nos guía por el justo camino, a través de las situaciones de la vida. Él nos enseña el camino, el sendero. En los primeros tiempos de la Iglesia, al cristianismo se le llamaba «el camino» (cf. Hch 9,2), y Jesús mismo es el camino. El Espíritu Santo nos enseña a seguirlo, a caminar siguiendo sus huellas. Más que un maestro de doctrina, el Espíritu Santo es un maestro de vida. Y de la vida forma parte ciertamente también el saber, el conocer, pero dentro del horizonte más amplio y armónico de la existencia cristiana.

El Espíritu Santo *nos recuerda*, nos recuerda todo lo que dijo Jesús. Es la memoria viviente de la Iglesia. Y mientras nos hace recordar, nos hace comprender las palabras del Señor.

Este recordar en el Espíritu y gracias al Espíritu no se reduce a un hecho mnemónico, es un aspecto esencial de la presencia de Cristo en nosotros y en su Iglesia. El Espíritu de verdad y de caridad nos recuerda todo lo que dijo Cristo, nos hace entrar cada vez más plenamente en el sentido de sus palabras. Todos nosotros tenemos esta experiencia: un momento, en cualquier situación, hay una idea y después otra se relaciona con un pasaje de la Escritura... Es el Espíritu que nos hace recorrer este camino: la senda de la memoria viva de la Iglesia. Y esto requiere de nuestra parte una respuesta: cuanto más generosa es nuestra respuesta, en mayor medida las palabras de Jesús se hacen vida en nosotros, se convierten en actitudes, opciones, gestos, testimonio. En esencia, el Espíritu nos recuerda el mandamiento del amor y nos llama a vivirlo.

Un cristiano sin memoria no es un verdadero cristiano: es un cristiano a mitad de camino, es un hombre o una mujer prisionero del momento, que no sabe tomar en consideración su historia, no sabe leerla y vivirla como historia de salvación. En cambio, con la ayuda del Espíritu Santo, podemos interpretar las inspiraciones interiores y los acontecimientos de la vida a la luz de las palabras de Jesús. Y así crece en nosotros la sabiduría de la memoria, la sabiduría del corazón, que es un don del Espíritu. Que el Espíritu Santo reavive en todos nosotros la memoria cristiana. Y ese día, con los Apóstoles, estaba la Mujer de la memoria, la que desde el inicio meditaba todas esas cosas en su corazón. Estaba María, nuestra Madre. Que Ella nos ayude en este camino de la memoria.

El Espíritu Santo nos enseña, nos recuerda, y —otro rasgo— *nos hace hablar*, con Dios y con los hombres. No hay cristianos mudos, mudos en el alma; no, no hay sitio para esto.

Nos hace hablar con Dios en la *oración*. La oración es un don que recibimos gratuitamente; es diálogo con Él en el Espíritu Santo, que ora en nosotros y nos permite dirigirnos a Dios llamándolo Padre, Papá, *Abbà* (cf. Rom 8,15; Gal 4,6); y esto no es sólo un «modo de decir», sino que es la realidad, nosotros somos *realmente* hijos de Dios. «Cuantos se dejan llevar por el Espíritu de Dios, esos son hijos de Dios» (Rom 8,14).

Nos hace hablar en el acto de fe. Ninguno de nosotros puede decir: «Jesús es el Señor» —lo hemos escuchado hoy— sin el Espíritu Santo. Y el Espíritu nos hace hablar con los hombres en el *diálogo fraterno*. Nos ayuda a hablar con los demás reconociendo en ellos a hermanos y hermanas; a hablar con amistad, con ternura, con mansedumbre, comprendiendo las angustias y las esperanzas, las tristezas y las alegrías de los demás.

Pero hay algo más: el Espíritu Santo nos hace hablar también a los hombres en la *profecía*, es decir, haciéndonos «canales» humildes y dóciles de la Palabra de Dios. La profecía se realiza con franqueza, para mostrar abiertamente las contradicciones y las injusticias, pero siempre con mansedumbre e intención de construir. Llenos del Espíritu de amor, podemos ser signos e instrumentos de Dios que ama, sirve y dona la vida.

Recapitulando: el Espíritu Santo nos enseña el camino; nos recuerda y nos explica las palabras de Jesús; nos hace orar y decir Padre a Dios, nos hace hablar a los hombres en el diálogo fraterno y nos hace hablar en la profecía.

El día de Pentecostés, cuando los discípulos «se llenaron de Espíritu Santo», fue el bautismo de la Iglesia, que nace «en salida», en «partida» para anunciar a todos la Buena Noticia. La Madre Iglesia, que sale para servir. Recordemos a la otra Madre, a nuestra Madre que salió con prontitud, para servir. La Madre Iglesia y la Madre María: las dos vírgenes, las dos madres, las dos mujeres. Jesús había sido perentorio con los Apóstoles: no tenían que alejarse de Jerusalén antes de recibir de lo alto la fuerza del Espíritu Santo (cf. Hch 1,4.8). Sin Él no hay misión, no hay evangelización. Por ello, con toda la Iglesia, con nuestra Madre Iglesia católica invocamos: ¡Ven, Espíritu Santo!

La sabiduría que viene del Espíritu

El Espíritu es «el don de Dios» por excelencia (cf. Jn 4,10), es un regalo de Dios, y, a su vez, comunica diversos dones espirituales a quien lo acoge. La

Iglesia enumera *siete*, número que simbólicamente significa *plenitud, totalidad*; son los que se aprenden cuando uno se prepara al sacramento de la Confirmación y que invocamos en la antigua oración llamada «Secuencia del Espíritu Santo». Los dones del Espíritu Santo son: *sabiduría, inteligencia, consejo, fortaleza, ciencia, piedad y temor de Dios*.

El primer don del Espíritu Santo, según esta lista, es, por lo tanto, *la sabiduría*. Pero no se trata sencillamente de la sabiduría humana, que es fruto del conocimiento y de la experiencia. En la Biblia se cuenta que Salomón, en el momento de su coronación como rey de Israel, había pedido el don de la sabiduría (cf. 1 Re 3,9). Y la sabiduría es precisamente esto: es la gracia de poder *ver cada cosa con los ojos de Dios*. Es sencillamente esto: es ver el mundo, ver las situaciones, las ocasiones, los problemas, todo, con los ojos de Dios. Ésta es la sabiduría. Algunas veces vemos las cosas según nuestro gusto o según la situación de nuestro corazón, con amor o con odio, con envidia... No, esto no es el ojo de Dios. La sabiduría es lo que obra el Espíritu Santo en nosotros a fin de que veamos todas las cosas con los ojos de Dios. Éste es el don de la sabiduría.

Y obviamente esto deriva de la *intimidad con Dios*, de la relación íntima que nosotros tenemos con Dios, de la relación de hijos con el Padre. Y el Espíritu Santo, cuando tenemos esta relación, nos da el don de la sabiduría. Cuando estamos en comunión con el Señor, el Espíritu Santo es como si transfigurara nuestro corazón y le hiciera percibir todo su calor y su predilección.

El Espíritu Santo, entonces, hace «sabio» al cristiano. Esto, sin embargo, no en el sentido de que tiene una respuesta para cada cosa, que lo sabe todo, sino en el sentido de que *«sabe» de Dios*, sabe cómo actúa Dios, conoce cuándo una cosa es de Dios y cuándo no es de Dios; tiene esta sabiduría que Dios da a nuestro corazón. El corazón del hombre sabio en este sentido tiene *el gusto y el sabor de Dios*. ¡Y cuán importante es que en nuestras comunidades haya cristianos así! Todo en ellos habla de Dios y se convierte en un signo hermoso y vivo de su presencia y de su amor. Y esto es algo que no podemos improvisar, que no podemos conseguir por nosotros mismos: es un don que Dios da a quienes son dóciles al Espíritu Santo. Dentro de nosotros, en nuestro corazón, tenemos al Espíritu Santo; podemos escucharlo, podemos no escucharlo. Si escuchamos al Espíritu Santo, Él nos enseña esta senda de la sabiduría, nos regala la sabiduría que consiste en ver con los ojos de Dios, escuchar con los oídos de Dios, amar con el corazón de Dios, juzgar las cosas con el juicio de Dios. Ésta es la sabiduría que nos regala el Espíritu Santo, y todos nosotros podemos poseerla. Sólo tenemos que pedirla al Espíritu Santo.

Pensad en una mamá, en su casa, con los niños, que cuando uno hace una cosa el otro maquina otra, y la pobre mamá va de una parte a otra, con los problemas de los niños. Y cuando las madres se cansan y gritan a los niños, ¿eso es sabiduría? Gritar a los niños —os pregunto— ¿es sabiduría? ¿Qué decís vosotros: es sabiduría o no? ¡No! En cambio, cuando la mamá toma al niño y le riñe dulcemente y le dice: «Esto no se hace, por esto...», y le explica con mucha paciencia, ¿esto es sabiduría de Dios? ¡Sí! Es lo que nos da el Espíritu Santo en la vida. Luego, en el matrimonio, por ejemplo, los dos esposos —el esposo y la esposa— riñen, y luego no se miran o, si se miran, se miran con la cara torcida: ¿esto es sabiduría de Dios? ¡No! En cambio, si dice: «Bah, pasó la tormenta, hagamos las paces», y recomienzan a ir hacia adelante en paz: ¿esto es sabiduría? [la gente: ¡Sí!] He aquí, éste es el don de la sabiduría. Que venga a casa, que venga con los niños, que venga con todos nosotros.

Y esto no se aprende: esto es un regalo del Espíritu Santo. Por ello, debemos pedir al Señor que nos dé el Espíritu Santo y que nos dé el don de la *sabiduría*, de esa *sabiduría de Dios* que nos enseña a mirar con los ojos de Dios, a sentir con el corazón de Dios, a hablar con las palabras de Dios. Y así, con esta sabiduría, sigamos adelante, construyamos la familia, construyamos la Iglesia, y todos nos santificamos. Pidamos hoy la gracia de la sabiduría. Y pidámosla a la Virgen, que es la Sede de la sabiduría, de este don: que Ella nos alcance esta gracia.

Capaces de escudriñar el designio de Dios

Después de analizar la sabiduría, el primero de los siete dones del Espíritu Santo, me gustaría centrar la atención en el segundo don, el intelecto. Aquí no se trata de la inteligencia humana, de la capacidad intelectual de la que podemos estar más o menos dotados. En cambio, es una gracia que sólo el Espíritu Santo puede infundir y que despierta en el cristiano la capacidad de ir más allá de la apariencia exterior de la realidad y escudriñar la profundidad del pensamiento de Dios y de su designio de salvación.

El apóstol Pablo, dirigiéndose a la comunidad de Corinto, describe muy bien los efectos de este don o sea lo que hace el don del intelecto en nosotros. Pablo dice esto: «Lo que ojo no vio, ni oído oyó, ni ha entrado al corazón del hombre, Dios lo preparó para los que lo aman. Pero a nosotros Dios nos lo reveló por medio del Espíritu» (1 Cor 2,9-10). Por supuesto, esto no quiere decir que un cristiano puede comprender todo y tener un pleno conocimiento de los designios de Dios, todo eso está esperando a manifestarse en toda su claridad cuando nos encontremos ante la presencia de Dios, y seremos verdaderamente uno con él. Sin embargo, como la propia palabra indica, el intelecto permite *«intus legere»*, es decir, a «leer adentro»: este don nos ayuda a entender las cosas como las entiende Dios, con la inteligencia de Dios. Porque uno puede entender una situación con la inteligencia humana, con prudencia, y eso está bien. Pero la comprensión de una situación en profundidad, como Dios la entiende, es el efecto de este don. Y Jesús quiso enviar al Espíritu Santo, para que tengamos este regalo y todos podamos ver las cosas como Dios entiende, con la inteligencia de Dios. Es un hermoso regalo que el Señor nos ha dado a todos nosotros. Es el don por el cual el Espíritu Santo nos introduce a la intimidad con Dios y nos hace parte del plan de amor que Él tiene con nosotros.

Es claro, entonces, que el don del intelecto está *estrechamente relacionado con la fe*. Cuando el *Espíritu Santo* mora en nuestros corazones e ilumina nuestras mentes, nos hace crecer día tras día en la *comprensión de lo que el Señor ha dicho y hecho*. Jesús mismo dijo a sus discípulos: yo enviaré el Espíritu Santo y él le hará comprender todo lo que yo os he enseñado. Entender las enseñanzas de Jesús, entender su Palabra, entender el Evangelio, entender la Palabra de Dios. Se puede leer el Evangelio y entender algo, pero si leemos el Evangelio con este don del Espíritu Santo podemos comprender la profundidad de las palabras de Dios. Y esto es un gran don, un gran don que todos tenemos que pedir y pedir juntos: Danos, Señor, el don del intelecto.

Hay un episodio en el Evangelio de Lucas, que expresa muy bien la profundidad y la fuerza de este don. Después de presenciar la muerte en la cruz y la sepultura de Jesús, dos de sus discípulos, decepcionados y desconsolados, se marchan de Jerusalén y de regreso a su aldea llamada Emaús. Mientras van de camino, Jesús resucitado se les une y empieza a hablar con ellos, pero los ojos de ellos, velados por la tristeza y la desesperación, no son capaces de reconocerlo. Jesús camina con ellos, pero ellos están tan tristes, tan desesperados, que no pueden reconocerlo. Sin embargo, cuando el Señor les explica las Escrituras, para que entiendan por qué tuvo que sufrir y morir y luego resucitar, *sus mentes se abren y en sus corazones se reaviva la esperanza* (cf. Lc 24,13-27). Y esto es lo que hace el Espíritu Santo con nosotros: abre nuestras mentes, nos abre a entender mejor, a entender mejor las cosas de Dios, las cosas humanas, las situaciones, todas las cosas. Es importante el don del intelecto para nuestra vida cristiana. Vamos a pedirle al Señor que nos dé, que nos dé a todos nosotros este don para entender, como Él lo entiende, las cosas que suceden y para comprender, sobre todo, la Palabra de Dios en el Evangelio.

El consejo que hace crecer

Leemos en el libro de los Salmos: «El Señor me aconseja, hasta de noche me instruye internamente» (cf. Sal 16,7). Y éste es otro don del Espíritu Santo: el don de *consejo*. Sabemos cuán importante es, en los momentos más delicados, poder contar con las sugerencias de personas sabias y que nos quieren. Ahora, a través del don de consejo, es Dios mismo, con su Espíritu, quien ilumina nuestro corazón, de tal forma que nos hace comprender el modo justo de hablar y de comportarse; y el camino a seguir. ¿Pero cómo actúa este don en nosotros?

En el momento en el que lo acogemos y lo albergamos en nuestro corazón, el Espíritu Santo comienza inmediatamente a hacernos sensibles a su voz y a orientar nuestros pensamientos, nuestros sentimientos y nuestras intenciones según el corazón de Dios. Al mismo tiempo, nos conduce cada vez más a dirigir nuestra mirada interior hacia Jesús, como modelo de nuestro modo de actuar y de relacionarnos con Dios Padre y con los hermanos. El consejo, pues, es el don con el cual el Espíritu Santo *capacita a nuestra conciencia para hacer una opción concreta en comunión con Dios*, según la lógica de Jesús y de su Evangelio. De este modo, el Espíritu nos hace crecer interiormente, nos hace crecer positivamente, nos hace crecer en la comunidad y nos ayuda a no caer en manos del egoísmo y del propio modo de ver las cosas. Así el Espíritu nos ayuda a crecer y también a vivir en comunidad. La condición esencial para conservar este don es la oración. Volvemos siempre al mismo tema: ¡la oración! Es muy importante la oración. Rezar con las oraciones que todos sabemos desde que éramos niños, pero también rezar con nuestras palabras. Decir al Señor: «Señor, ayúdame, aconséjame, ¿qué debo hacer ahora?». Y con la oración hacemos espacio, a fin de que el Espíritu venga y nos ayude en ese momento, nos aconseje sobre lo que todos debemos hacer. ¡La oración! Jamás olvidar la oración. ¡Jamás! Nadie, nadie, se da cuenta cuando rezamos en el autobús, por la calle: rezamos en silencio con el corazón. Aprovechamos esos momentos para rezar, orar para que el Espíritu nos dé el don de consejo.

En la intimidad con Dios y en la escucha de su Palabra, poco a poco, dejamos a un lado nuestra lógica personal, impuesta la mayoría de las veces por nuestras cerrazones, nuestros prejuicios y nuestras ambiciones, y aprendemos, en cambio, a preguntar al Señor: ¿cuál es tu deseo?, ¿cuál es tu voluntad?, ¿qué te gusta a ti? De este modo madura en nosotros una *sintonía profunda*, casi connatural en el Espíritu y se experimenta cuán verdaderas son las palabras de Jesús que nos presenta el Evangelio de Mateo: «No os preocupéis de lo que vais a decir o de cómo lo diréis: en aquel momento se os sugerirá lo que tenéis que decir, porque no seréis vosotros los que habléis, sino que el Espíritu de vuestro Padre hablará por vosotros» (Mt 10,19-20).

Es el Espíritu quien nos aconseja, pero nosotros debemos dejar espacio al Espíritu, para que nos pueda aconsejar. Y dejar espacio es rezar, rezar para que Él venga y nos ayude siempre.

Como todos los demás dones del Espíritu, también el de consejo constituye un tesoro *para toda la comunidad cristiana*. El Señor no nos habla sólo en la intimidad del corazón, nos habla sí, pero no sólo allí, sino que nos habla también a través de la voz y el testimonio de los hermanos. Es verdaderamente un don grande poder encontrar hombres y mujeres de fe que, sobre todo en los momentos más complicados e importantes de nuestra vida, nos ayudan a iluminar nuestro corazón y a reconocer la voluntad del Señor.

Recuerdo una vez en el santuario de Luján, yo estaba en el confesonario, delante del cual había una larga fila. Había también un muchacho todo moderno, con los aretes, los tatuajes, todas estas cosas... Y vino para decirme lo que le sucedía. Era un problema grande, difícil. Y me dijo: yo le he contado todo esto a mi mamá, y mi mamá me ha dicho: dirígete a la Virgen y ella te dirá lo que debes hacer. He aquí a una mujer que tenía el don de consejo. No sabía cómo salir del problema del hijo, pero indicó el camino justo: dirígete a la Virgen y ella te dirá. Esto es el don de consejo. Esa mujer humilde, sencilla, dio a su hijo el consejo más verdadero. En efecto, este muchacho me dijo: he mirado a la Virgen y he sentido que tengo que hacer esto, esto y esto... Yo no tuve que hablar, ya lo habían dicho todo su mamá y el muchacho mismo. Esto es el don de consejo. Vosotras, mamás, que tenéis este don, pedidlo para vuestros hijos: el don de aconsejar a los hijos es un don de Dios.

Queridos amigos, el Salmo 16, que hemos escuchado, nos invita a rezar con estas palabras: «Bendeciré al Señor que me aconseja, hasta de noche me instruye internamente. Tengo siempre presente al Señor, con Él a mi derecha no vacilaré» (vv. 7-8). Que el Espíritu infunda siempre en nuestro corazón esta certeza y nos colme de su consolación y de su paz. Pedid siempre el don de consejo.

Fuertes en Él que da la fuerza

Hemos reflexionado sobre los tres primeros dones del Espíritu Santo: sabiduría, inteligencia y consejo. Hoy pensemos en lo que hace el Señor: Él viene siempre a *sostenernos en nuestra debilidad* y esto lo hace con un don especial: el don de fortaleza.

Hay una *parábola*, relatada por Jesús, que nos ayuda a captar la importancia de este don. Un *sembrador* salió a sembrar; sin embargo, no toda la semilla que esparció dio fruto. Lo que cayó al borde del camino se lo comieron los pájaros; lo que cayó en terreno pedregoso o entre abrojos brotó, pero inmediatamente lo abrasó el sol o lo ahogaron las espinas. Sólo lo que cayó en terreno bueno creció y dio fruto (cf. Mc 4,3-9; Mt 13,3-9; Lc 8,4-8). Como Jesús mismo explica a sus discípulos, este sembrador representa al Padre, que esparce abundantemente la semilla de su Palabra. La semilla, sin embargo, se encuentra a menudo con la aridez de nuestro corazón, e incluso cuando es acogida corre el riesgo de permanecer estéril. Con el don de fortaleza, en cambio, el Espíritu Santo *libera el terreno de nuestro corazón*, lo libera de la tibieza, de las incertidumbres y de todos los temores que pueden frenarlo, de modo que la Palabra del Señor se ponga en práctica, de manera auténtica y gozosa. Es una gran ayuda este don de fortaleza, nos da fuerza y nos libera también de muchos impedimentos.

Hay también *momentos difíciles y situaciones extremas* en las que el don de fortaleza se manifiesta de modo extraordinario, ejemplar. Es el caso de quienes deben afrontar experiencias particularmente duras y dolorosas, que revolucionan su vida y la de sus seres queridos. La Iglesia resplandece por el testimonio de numerosos *hermanos y hermanas que no dudaron en entregar la propia vida*, con tal de permanecer fieles al Señor y a su Evangelio. También hoy no faltan cristianos que en muchas partes del mundo siguen celebrando y testimoniando su fe, con profunda convicción y serenidad, y resisten incluso cuando saben que ello puede comportar un precio muy alto. También nosotros, todos nosotros, conocemos gente que ha vivido situaciones difíciles, numerosos dolores. Pero, pensemos en esos hombres, en esas mujeres que tienen una vida difícil, que luchan por sacar adelante la familia, educar a los hijos: hacen todo esto porque está el espíritu de fortaleza que les ayuda. Cuántos hombres y mujeres —nosotros no conocemos sus nombres— que honran a nuestro pueblo, honran a nuestra Iglesia, porque son fuertes: fuertes al llevar adelante su vida, su familia, su trabajo, su fe. Estos hermanos y hermanas nuestros son santos, santos en la cotidianidad, santos ocultos en medio de nosotros: tienen el don de fortaleza para llevar adelante su deber de personas, de padres, de madres, de hermanos, de hermanas, de ciudadanos. ¡Son muchos! Demos gracias al Señor por estos cristianos que viven una santidad oculta: es el Espíritu Santo que tienen dentro quien les conduce. Y nos hará bien pensar en esta gente: si ellos hacen todo esto, si ellos pueden hacerlo, ¿por qué yo no? Y nos hará bien también pedir al Señor que nos dé el don de fortaleza.

No hay que pensar que el don de fortaleza es necesario sólo en algunas ocasiones o situaciones especiales. Este don debe constituir la nota de fondo de nuestro ser cristianos, en el *ritmo ordinario de nuestra vida cotidiana*. Como he dicho, todos los días de la vida cotidiana debemos ser fuertes, necesitamos esta fortaleza para llevar adelante nuestra vida, nuestra familia, nuestra fe. El apóstol Pablo dijo una frase que nos hará bien escuchar: «Todo lo puedo en Aquel que me conforta» (Flp 4,13). Cuando afrontamos la vida ordinaria, cuando llegan las dificultades, recordemos esto: «Todo lo puedo en Aquel que me da la fuerza». El Señor da la fuerza, siempre, no permite que nos falte. El Señor no nos prueba más de lo que nosotros podemos tolerar. Él está siempre con nosotros. «Todo lo puedo en Aquel que me conforta».

Queridos amigos, a veces podemos ser tentados de dejarnos llevar por la pereza o, peor aún, por el desaliento, sobre todo ante las fatigas y las pruebas de la vida. En estos casos, no nos desanimemos, invoquemos al Espíritu Santo, para que con el don de fortaleza dirija nuestro corazón y comunique nueva fuerza y entusiasmo a nuestra vida y a nuestro seguimiento de Jesús.

Custodiar la belleza de la creación

Vamos a poner de relieve otro don del Espíritu Santo: el don de *ciencia*. Cuando se habla de ciencia, el pensamiento se dirige inmediatamente a la capacidad del hombre de conocer cada vez mejor la realidad que lo rodea y descubrir las leyes que rigen la naturaleza y el universo. La ciencia que viene del Espíritu Santo, sin embargo, no se limita al conocimiento humano: es un don especial, que nos lleva a captar, a través de la creación, la grandeza y el amor de Dios y su relación profunda con cada creatura.

Cuando nuestros ojos son iluminados por el Espíritu, se abren a la contemplación de Dios, en la belleza de la naturaleza y la grandiosidad del cosmos, y nos llevan a *descubrir cómo cada cosa nos habla de Él y de su amor*. Todo esto suscita en nosotros gran estupor y un profundo sentido de gratitud. Es la sensación que experimentamos también cuando admiramos una obra de arte o cualquier maravilla que es fruto del ingenio y de la creatividad del hombre: ante todo esto el Espíritu nos conduce a alabar al Señor desde lo profundo de nuestro corazón y a reconocer, en todo lo que tenemos y somos, un don inestimable de Dios y un signo de su infinito amor por nosotros.

En el primer capítulo del Génesis, precisamente al inicio de toda la Biblia, se pone de relieve que Dios se complace de su creación, subrayando repetidamente la belleza y la bondad de cada cosa. Al término de cada jornada, está escrito: «Y vio Dios que era bueno» (1, 12. 18.21.25): si Dios ve que la creación es una cosa buena, es algo hermoso, también nosotros debemos asumir esta actitud y ver que la creación es algo bueno y hermoso. He aquí el don de ciencia que nos hace ver esta belleza; por lo tanto, alabemos a Dios, démosle gracias por habernos dado tanta belleza. Y cuando Dios terminó de crear al hombre no dijo «vio que era bueno», sino que dijo que era «muy bueno» (v. 31). A los ojos de Dios nosotros somos la cosa más hermosa, más grande, más buena de la creación: incluso los ángeles están por debajo de nosotros, somos más que los ángeles, como hemos escuchado en el libro de los Salmos. El Señor nos quiere mucho. Debemos darle gracias por esto. El don de ciencia nos coloca en profunda *sintonía con el Creador* y nos hace participar en la limpidez de su mirada y de su juicio. Y en esta perspectiva logramos ver en el hombre y en la mujer el vértice de la creación, como realización de un designio de amor que está impreso en cada uno de nosotros y que hace que nos reconozcamos como hermanos y hermanas.

Todo esto es motivo de serenidad y de paz, y hace del cristiano un testigo gozoso de Dios, siguiendo las huellas de san Francisco de Asís y de muchos santos que supieron alabar y cantar su amor a través de la contemplación de la creación. Al mismo tiempo, el don de ciencia nos ayuda a no caer en algunas actitudes excesivas o equivocadas. La primera la constituye el riesgo de considerarnos dueños de la creación. La creación no es una propiedad, de la cual podemos disponer a nuestro gusto; ni, mucho menos, es una propiedad sólo de algunos, de pocos: la creación es un don, es un don maravilloso que Dios nos ha dado para que *cuidemos de él y lo utilicemos en beneficio de todos, siempre con gran respeto y gratitud*. La segunda actitud errónea está representada por la tentación de detenernos en las creaturas, como si éstas pudiesen dar respuesta a todas nuestras expectativas. Con el don de ciencia, el Espíritu nos ayuda a no caer en este error.

Pero quisiera volver a la primera vía equivocada: disponer de la creación en lugar de custodiarla. Debemos custodiar la creación porque es un don que el Señor nos ha dado, es el regalo de Dios a nosotros; nosotros somos custodios de la creación. Cuando explotamos la creación, destruimos el signo del amor de Dios. Destruir la creación es decir a Dios: «no me gusta». Y esto no es bueno: he aquí el pecado.

El cuidado de la creación es precisamente la custodia del don de Dios y es decir a Dios: «Gracias, yo soy el custodio de la creación para hacerla progresar, jamás para destruir tu don». Ésta debe ser nuestra actitud respecto a la creación: custodiarla, porque si nosotros destruimos la creación, la creación nos destruirá. No olvidéis esto. Una vez estaba en el campo y escuché un dicho de una persona sencilla, a la que le gustaban mucho las flores y las cuidaba. Me dijo: «Debemos cuidar estas cosas hermosas que Dios nos ha dado; la creación es para nosotros a fin de que la aprovechemos bien; no explotarla, sino custodiarla, porque *Dios perdona siempre, nosotros los hombres perdonamos algunas veces, pero la creación no perdona nunca, y si tú no la cuidas ella te destruirá».*

Esto debe hacernos pensar y debe hacernos pedir al Espíritu Santo el don de ciencia para comprender bien que la creación es el regalo más hermoso de Dios. Él hizo muchas cosas buenas para la cosa mejor que es la persona humana.

La piedad no es pietismo

Queremos detenernos en un don del Espíritu Santo que muchas veces se entiende mal o se considera de manera superficial, y, en cambio, toca el corazón de nuestra identidad y nuestra vida cristiana: se trata del don de *piedad*.

Es necesario aclarar inmediatamente que este don no se identifica con el tener compasión de alguien, tener piedad del prójimo, sino que indica nuestra pertenencia a Dios y nuestro vínculo profundo con Él, un vínculo que da sentido a toda nuestra vida y que nos mantiene firmes, en comunión con Él, incluso en los momentos más difíciles y tormentosos.

Este vínculo con el Señor no se debe entender como un deber o una imposición. Es un vínculo que viene desde dentro. Se trata de *una relación vivida con el corazón*: es nuestra amistad con Dios, que nos dona Jesús, una amistad que cambia nuestra vida y nos llena de entusiasmo, de alegría. Por ello, ante todo, el don de piedad suscita en nosotros la gratitud y la alabanza. Es esto, en efecto, el motivo y el *sentido más auténtico de nuestro culto y de nuestra adoración*. Cuando el Espíritu Santo nos hace percibir la presencia del Señor y todo su amor por nosotros, nos caldea el corazón y nos mueve casi naturalmente a la oración y a la celebración. Piedad, por lo tanto, es sinónimo de auténtico espíritu religioso, de confianza filial con Dios, de esa capacidad de dirigirnos a Él con amor y sencillez, que es propia de las personas humildes de corazón.

Si el don de piedad nos hace crecer en la relación y en la comunión con Dios y nos lleva a vivir como hijos suyos, al mismo tiempo nos ayuda a *volcar este amor también en los demás y a reconocerlos como hermanos*. Y entonces sí que seremos movidos por sentimientos de piedad —¡no de pietismo!— respecto a quien está a nuestro lado y de aquellos que encontramos cada día. ¿Por qué digo no de pietismo? Porque algunos piensan que tener piedad es cerrar los ojos, poner cara de estampa, aparentar ser como un santo. En piamontés decimos: hacer la «mugna quacia». Esto no es el don de piedad. El don de piedad significa ser verdaderamente capaces de gozar con quien experimenta alegría, llorar con quien llora, estar cerca de quien está solo o angustiado, corregir a quien está en el error, consolar a quien está afligido, acoger y socorrer a quien pasa necesidad. Hay una relación muy estrecha entre el don de piedad y la mansedumbre. El don de piedad que nos da el Espíritu Santo nos hace apacibles, nos hace serenos, pacientes, en paz con Dios, al servicio de los demás con mansedumbre.

Queridos amigos, en la Carta a los Romanos el apóstol Pablo afirma: «Cuantos se dejan llevar por el Espíritu de Dios, esos son hijos de Dios. Pues no habéis recibido un espíritu de esclavitud, para recaer en el temor, sino que habéis recibido un Espíritu de hijos de adopción, en el que clamamos: "¡Abba, Padre!"» (Rom 8,14-15). Pidamos al Señor que el don de su Espíritu venza nuestro temor, nuestras inseguridades, también nuestro espíritu inquieto, impaciente, y nos convierta en testigos gozosos de Dios y de su amor, adorando al Señor en verdad y también en el servicio al prójimo con mansedumbre y con la sonrisa que siempre nos da el Espíritu Santo en la alegría. Que el Espíritu Santo nos dé a todos este don de piedad.

El verdadero temor de Dios

El don del *temor de Dios*, del cual hablamos ahora, concluye la serie de los siete dones del Espíritu Santo. No significa tener miedo de Dios: sabemos bien que Dios es Padre, y que nos ama y quiere nuestra salvación, y siempre perdona, siempre; por lo cual no hay motivo para tener miedo de Él. El temor de Dios, en cambio, es el don del Espíritu que nos recuerda cuán pequeños somos ante Dios y su amor, y que nuestro bien está en abandonarnos con humildad, con respeto y confianza en sus manos. Esto es el temor de Dios: el abandono en la bondad de nuestro Padre que nos quiere mucho.

Cuando el Espíritu Santo entra en nuestro corazón, nos infunde consuelo y paz, y nos lleva a sentirnos tal como somos, es decir, pequeños, con esa actitud —tan recomendada por Jesús en el Evangelio— de quien pone todas sus preocupaciones y sus expectativas en Dios y se siente envuelto y sostenido por su calor y su protección, precisamente como un niño con su papá. Esto hace el Espíritu Santo en nuestro corazón: nos hace sentir como niños en los brazos de nuestro papá. En este sentido, entonces, comprendemos bien cómo el temor de Dios adquiere en nosotros la forma de la docilidad, del reconocimiento y de la alabanza, llenando nuestro corazón de esperanza. Muchas veces, en efecto, no logramos captar el designio de Dios, y nos damos cuenta de que no somos capaces de asegurarnos por nosotros mismos la felicidad y la vida eterna. Sin embargo, es precisamente en la experiencia de nuestros límites y de nuestra pobreza donde el Espíritu nos conforta y nos hace percibir que la única cosa importante es dejarnos conducir por Jesús a los brazos de su Padre.

He aquí por qué tenemos tanta necesidad de este don del Espíritu Santo. El temor de Dios nos hace tomar conciencia de que todo viene de la gracia y que nuestra verdadera fuerza está únicamente en seguir al Señor Jesús y en dejar que el Padre pueda derramar sobre nosotros su bondad y su misericordia. Abrir el corazón, para que la bondad y la misericordia de Dios vengan a nosotros. Esto hace el Espíritu Santo con el don del temor de Dios: abre los corazones. Corazón abierto a fin de que el perdón, la misericordia, la bondad, la caricia del Padre vengan a nosotros, porque nosotros somos hijos infinitamente amados.

Cuando estamos invadidos por el temor de Dios, entonces estamos predispuestos a seguir al Señor con humildad, docilidad y obediencia. Esto, sin embargo, no con actitud resignada y pasiva, incluso quejumbrosa, sino con el estupor y la alegría de un hijo que se ve servido y amado por el Padre. El temor de Dios, por lo tanto, no hace de nosotros cristianos tímidos, sumisos, sino que genera en nosotros valentía y fuerza. Es un don que hace de nosotros cristianos convencidos, entusiastas, que no permanecen sometidos al Señor por miedo, sino porque son movidos y conquistados por su amor. Ser conquistados por el amor de Dios. Y esto es algo hermoso. Dejarnos conquistar por este amor de papá, que nos quiere mucho, nos ama con todo su corazón.

Pero, atención, porque el don de Dios, el don del temor de Dios es también una «alarma» ante la pertinacia en el pecado. Cuando una persona vive en el mal, cuando blasfema contra Dios, cuando explota a los demás, cuando los tiraniza, cuando vive sólo para el dinero, para la vanidad, o el poder, o el orgullo, entonces el santo temor de Dios nos pone en alerta: ¡atención! Con todo este poder, con todo este dinero, con todo tu orgullo, con toda tu vanidad, no serás feliz. Nadie puede llevar consigo al más allá ni el dinero, ni el poder, ni la vanidad, ni el orgullo. ¡Nada! Sólo podemos llevar el amor que Dios Padre nos da, las caricias de Dios, aceptadas y recibidas por nosotros con amor. Y podemos llevar lo que hemos hecho por los demás. Atención en no poner la esperanza en el dinero, en el orgullo, en el poder, en la vanidad, porque todo esto no puede prometernos nada bueno. Pienso, por ejemplo, en las personas que tienen responsabilidad sobre otros y se dejan corromper. ¿Pensáis que una persona corrupta será feliz en el más allá? No, todo el fruto de su corrupción corrompió su corazón y será difícil ir al Señor. Pienso en quienes viven de la trata de personas y del trabajo esclavo. ¿Pensáis que esta gente que trafica personas, que explota a las personas con el trabajo esclavo tiene en el corazón el amor de Dios? No, no tienen temor de Dios y no son felices. No lo son. Pienso en quienes fabrican armas para fomentar las guerras; pero pensad qué oficio es éste. Estoy seguro de que si hago ahora la pregunta: ¿cuántos de vosotros sois fabricantes de armas? Ninguno, ninguno. Estos fabricantes de armas no vienen a escuchar la Palabra de Dios. Éstos fabrican la muerte, son mercaderes de muerte y producen mercancía de muerte. Que el temor de Dios les haga comprender que un día todo acaba y que deberán rendir cuentas a Dios.

IV

EL TESTIMONIO DEL CAMINO

Transmitir la fe recibida

Quien se ha abierto al amor de Dios, ha escuchado su voz y ha recibido su luz, no puede retener este don para sí. La fe, puesto que es escucha y visión, se transmite también como palabra y luz. El apóstol Pablo, hablando a los Corintios, usa precisamente estas dos imágenes. Por una parte dice: «Pero teniendo el mismo espíritu de fe, según lo que está escrito: *Creí, por eso hablé*, también nosotros creemos y por eso hablamos» (2 Co 4,13). La palabra recibida se convierte en respuesta, confesión y, de este modo, resuena para los otros, invitándolos a creer. Por otra parte, san Pablo se refiere también a la luz: «Reflejamos la gloria del Señor y nos vamos transformando en su imagen» (2 Co 3,18). Es una luz que se refleja de rostro en rostro, como Moisés reflejaba la gloria de Dios después de haber hablado con él: «[Dios] ha brillado en nuestros corazones, para que resplandezca el conocimiento de la gloria de Dios reflejada en el rostro de Cristo» (2 Co 4,6). La luz de Cristo brilla como en un espejo en el rostro de los cristianos, y así se difunde y llega hasta nosotros, de modo que también nosotros podamos participar en esta visión y reflejar a otros su luz, igual que en la liturgia pascual la luz del cirio enciende otras muchas velas. La fe se transmite, por así decirlo, por contacto, de persona a persona, como una llama enciende otra llama. Los cristianos, en su pobreza, plantan una semilla tan fecunda, que se convierte en un gran árbol que es capaz de llenar el mundo de frutos.

La transmisión de la fe, que brilla para todos los hombres en todo lugar, pasa también por las coordenadas temporales, de generación en generación. Puesto que la fe nace de un encuentro que se produce en la historia e ilumina el camino a lo largo del tiempo, tiene necesidad de transmitirse a través de los siglos. Y mediante una cadena ininterrumpida de testimonios llega a nosotros el rostro de Jesús. ¿Cómo es posible esto? ¿Cómo podemos estar seguros de llegar al «verdadero Jesús» a través de los siglos? Si el hombre fuese un individuo aislado, si partiésemos solamente del «yo» individual, que busca en sí mismo la seguridad del conocimiento, esta certeza sería imposible. No puedo ver por mí mismo lo que ha sucedido en una época tan distante de la mía. Pero ésta no es la única manera que tiene el hombre de conocer. La persona vive siempre en relación. Proviene de otros, pertenece a otros, su vida se ensancha en el encuentro con otros. Incluso el conocimiento de sí, la misma autoconciencia, es relacional y está vinculada a otros que nos han precedido: en primer lugar nuestros padres, que nos han dado la vida y el nombre. El lenguaje mismo, las palabras con que interpretamos nuestra vida y nuestra realidad, nos llega a través de otros, guardado en la memoria viva de otros. El conocimiento de uno mismo sólo es posible cuando participamos en una memoria más grande. Lo mismo sucede con la fe, que lleva a su plenitud el modo humano de comprender. El pasado de la fe, aquel acto de amor de Jesús, que ha hecho germinar en el mundo una vida nueva, nos llega en la memoria de otros, de testigos, conservado vivo en aquel sujeto único de memoria que es la Iglesia. La Iglesia es una Madre que nos enseña a hablar el lenguaje de la fe. San Juan, en su Evangelio, ha insistido en este aspecto, uniendo fe y memoria, y asociando ambas a la acción del Espíritu

Santo que, como dice Jesús, «os irá recordando todo» (Jn 14,26). El Amor, que es el Espíritu y que mora en la Iglesia, mantiene unidos entre sí todos los tiempos y nos hace contemporáneos de Jesús, convirtiéndose en el guía de nuestro camino de fe.

Es imposible creer cada uno por su cuenta. La fe no es únicamente una opción individual que se hace en la intimidad del creyente, no es una relación exclusiva entre el «yo» del fiel y el «Tú» divino, entre un sujeto autónomo y Dios. Por su misma naturaleza, se abre al «nosotros», se da siempre dentro de la comunión de la Iglesia. Nos lo recuerda la forma dialogada del credo, usada en la liturgia bautismal. El creer se expresa como respuesta a una invitación, a una palabra que ha de ser escuchada y que no procede de mí, y por eso forma parte de un diálogo; no puede ser una mera confesión que nace del individuo. Es posible responder en primera persona, «creo», sólo porque se forma parte de una gran comunión, porque también se dice «creemos». Esta apertura al «nosotros» eclesial refleja la apertura propia del amor de Dios, que no es sólo relación entre el Padre y el Hijo, entre el «yo» y el « tú», sino que en el Espíritu, es también un «nosotros», una comunión de personas. Por eso, quien cree nunca está solo, porque la fe tiende a difundirse, a compartir su alegría con otros. Quien recibe la fe descubre que las dimensiones de su «yo» se ensanchan, y entabla nuevas relaciones que enriquecen la vida. Tertuliano lo ha expresado incisivamente, diciendo que el catecúmeno, «tras el nacimiento nuevo por el bautismo», es recibido en la casa de la Madre para alzar las manos y rezar, junto a los hermanos, el padrenuestro, como signo de su pertenencia a una nueva familia.

Hacer visible el Evangelio

Hablando de la transmisión de la fe, quisiera reflexionar con ustedes sobre tres puntos muy importantes: primado del testimonio; urgencia de ir al encuentro; proyecto pastoral centrado en lo esencial.

En nuestro tiempo se verifica a menudo una actitud de indiferencia hacia la fe, que ya no se considera importante en la vida del hombre. Nueva evangelización significa despertar en el corazón y en la mente de nuestros contemporáneos la vida de la fe. La fe es un don de Dios, pero es importante que nosotros, cristianos, mostremos que vivimos de modo concreto la fe, a través del amor, la concordia, la alegría, el sufrimiento, porque esto suscita interrogantes, como al inicio del camino de la Iglesia: ¿por qué viven así?, ¿qué es lo que les impulsa? Son interrogantes que conducen al corazón de la evangelización, que es el *testimonio* de la fe y de la caridad. Lo que necesitamos, especialmente en estos tiempos, son testigos creíbles que con la vida y también con las palabras hagan visible el Evangelio, despierten la atracción por Jesucristo, por la belleza de Dios.

Muchas personas se han alejado de la Iglesia. Es erróneo echar la culpa a una parte o a la otra, es más, no es cuestión de hablar de culpas. Existen responsabilidades en la historia de la Iglesia y de sus hombres, están en ciertas ideologías y también en las personas. Como hijos de la Iglesia debemos continuar el camino del Concilio Vaticano II, despojarnos de cosas inútiles y perjudiciales, de falsas seguridades mundanas que cargan a la Iglesia y dañan su rostro.

Se necesitan cristianos que hagan visible a los hombres de hoy la misericordia de Dios, su ternura hacia cada creatura. Sabemos todos que la crisis de la humanidad contemporánea no es superficial, es profunda. Por esto la nueva evangelización, mientras llama a tener el valor de ir a contracorriente, de convertirse de los ídolos al único Dios verdadero, ha de usar el lenguaje de la misericordia, hecho de gestos y de actitudes antes que de palabras. En medio de la humanidad de hoy, la Iglesia dice: Venid a Jesús, todos vosotros que estáis cansados y oprimidos, y encontraréis descanso para vuestra alma (cf. Mt 11, 28-30). Venid a Jesús. Sólo Él tiene palabras de vida eterna.

Cada bautizado es «*cristóforo*», es decir, portador de Cristo, como decían los antiguos Padres. Quien ha encontrado a Cristo, como la samaritana en el pozo, no puede guardar para sí mismo esta experiencia, sino que siente el deseo de compartirla, para llevar a otros a Jesús (cf. Jn 4). Todos debemos preguntarnos si quien nos encuentra percibe en nuestra vida el calor de la fe, si ve en nuestro rostro la alegría de haber encontrado a Cristo.

Aquí pasamos al segundo aspecto: el encuentro, *ir al encuentro de los demás*. La nueva evangelización es un movimiento renovado hacia quien ha perdido la fe y el sentido profundo de la vida. Este dinamismo forma parte de la gran misión de Cristo de traer vida al mundo, el amor del Padre a la humanidad. El Hijo de Dios «salió» de su condición divina y vino a nuestro encuentro. La Iglesia está dentro de este movimiento, cada cristiano está llamado a ir al encuentro de los demás, a dialogar con quienes no piensan como nosotros, con quienes tienen otra fe, o no tienen fe. Encontrar a todos, porque todos tenemos en común el ser creados a imagen y semejanza de Dios. Podemos ir al encuentro de todos, sin miedo y sin renunciar a nuestra pertenencia.

Nadie está excluido de la esperanza de la vida, del amor de Dios. La Iglesia está invitada a despertar por todas partes esta esperanza, especialmente donde está sofocada por condiciones existenciales difíciles, algunas veces inhumanas, donde la esperanza no respira, se sofoca. Se necesita el oxígeno del Evangelio, el soplo del Espíritu de Cristo Resucitado, que vuelva a encenderla en los corazones. La Iglesia es la casa en la cual las puertas están siempre abiertas no sólo para que cada uno pueda encontrar allí acogida y respirar amor y esperanza, sino también para que nosotros podamos salir a llevar este amor y esta esperanza. El Espíritu Santo nos impulsa a salir de nuestro recinto y nos guía hasta las periferias de la humanidad.

Todo esto, sin embargo, en la Iglesia no se deja a la casualidad, a la improvisación. Exige el compromiso común para un proyecto pastoral que remita a lo esencial y que esté *bien centrado en lo esencial, es decir, en Jesucristo*. No es útil dispersarse en muchas cosas secundarias o superfluas, sino concentrarse en la realidad fundamental, que es el encuentro con Cristo, con su misericordia, con su amor, y en amar a los hermanos como Él nos amó. Un encuentro con Cristo que es también adoración, palabra poco usada: adorar a Cristo. Un proyecto animado por la creatividad y por la fantasía del Espíritu Santo, que nos impulsa también a recorrer nuevas vías, con valentía, sin fosilizarnos. Podríamos preguntarnos: ¿cómo es la pastoral de nuestras diócesis y parroquias? ¿Hace visible lo esencial, es decir, a Jesucristo? Las diversas experiencias, características, ¿caminan juntas en la armonía que dona el Espíritu Santo? ¿O nuestra pastoral es dispersiva, fragmentaria, por lo cual, al final, cada uno va por su cuenta?

En este contexto quisiera destacar la importancia de la catequesis, como momento de la evangelización. Lo hizo ya el Papa Pablo VI en la *Evangelii nuntiandi* (cf. n. 44). De allí el gran movimiento catequístico llevó adelante una renovación para superar la fractura entre Evangelio y cultura y el analfabetismo de nuestros días en materia de fe. He recordado en otras ocasiones un hecho que me ha impresionado en mi ministerio: encontrar a niños que no sabían ni siquiera hacerse el signo de la cruz. ¡En nuestras ciudades! Es un servicio precioso para la nueva evangelización el que realizan los catequistas, y es importante que los padres sean los primeros catequistas, los primeros educadores en la fe en la propia familia con el testimonio y con la palabra.

Ricos en virtud de la pobreza de Cristo

Con ocasión de la Cuaresma os propongo algunas reflexiones, a fin de que os sirvan para el camino personal y comunitario de conversión. Comienzo recordando las palabras de san Pablo: «Pues conocéis la gracia de nuestro Señor Jesucristo, el cual, siendo rico, se hizo pobre por vosotros para enriqueceros con su pobreza» (2 Cor 8, 9). El Apóstol se dirige a los cristianos de Corinto para alentarlos a ser generosos y ayudar a los fieles de Jerusalén que pasan necesidad. ¿Qué nos dicen, a los cristianos de hoy, estas palabras de san Pablo? ¿Qué nos dice hoy, a nosotros, la invitación a la pobreza, a una vida pobre en sentido evangélico?

Ante todo, nos dicen cuál es el estilo de Dios. Dios no se revela mediante el poder y la riqueza del mundo, sino mediante la debilidad y la pobreza: *«Siendo rico, se hizo pobre por vosotros...»*. Cristo, el Hijo eterno de Dios, igual al Padre en poder y gloria, se hizo pobre;

descendió en medio de nosotros, se acercó a cada uno de nosotros; se desnudó, se «vació», para ser en todo semejante a nosotros (cf. Flp 2,7; Heb 4,15). ¡Qué gran misterio la encarnación de Dios! La razón de todo esto es el amor divino, un amor que es gracia, generosidad, deseo de proximidad, y que no duda en darse y sacrificarse por las criaturas a las que ama. La caridad, el amor es compartir en todo la suerte del amado. El amor nos hace semejantes, crea igualdad, derriba los muros y las distancias. Y Dios hizo esto con nosotros. Jesús, en efecto, «trabajó con manos de hombre, pensó con inteligencia de hombre, obró con voluntad de hombre, amó con corazón de hombre. Nacido de la Virgen María, se hizo verdaderamente uno de nosotros, en todo semejante a nosotros excepto en el pecado» (Conc. Ecum. Vat. II, Const. past. *Gaudium et spes*, 22).

La finalidad de Jesús al hacerse pobre no es la pobreza en sí misma, sino —dice san Pablo— *«...para enriqueceros con su pobreza»*. No se trata de un juego de palabras ni de una expresión para causar sensación. Al contrario, es una síntesis de la lógica de Dios, la lógica del amor, la lógica de la Encarnación y la Cruz. Dios no hizo caer sobre nosotros la salvación desde lo alto, como la limosna de quien da parte de lo que para él es superfluo con aparente piedad filantrópica. ¡El amor de Cristo no es esto! Cuando Jesús entra en las aguas del Jordán y se hace bautizar por Juan el Bautista, no lo hace porque necesita penitencia, conversión; lo hace para estar en medio de la gente, necesitada de perdón, entre nosotros, pecadores, y cargar con el peso de nuestros pecados. Éste es el camino que ha elegido para consolarnos, salvarnos, liberarnos de nuestra miseria. Nos sorprende que el Apóstol diga que fuimos liberados no por medio de la riqueza de Cristo, sino *por medio de su pobreza*. Y, sin embargo, san Pablo conoce bien la «riqueza insondable de Cristo» (Ef 3,8), «heredero de todo» (Heb 1,2).

¿Qué es, pues, esta pobreza con la que Jesús nos libera y nos enriquece? Es precisamente su modo de amarnos, de estar cerca de nosotros, como el buen samaritano que se acerca a ese hombre que todos habían abandonado medio muerto al borde del camino (cf. Lc 10, 25ss). Lo que nos da verdadera libertad, verdadera salvación y verdadera felicidad es su amor lleno de compasión, de ternura, que quiere compartir con nosotros. La pobreza de Cristo que nos enriquece consiste en el hecho que se hizo carne, cargó con nuestras debilidades y nuestros pecados, comunicándonos la misericordia infinita de Dios. La pobreza de Cristo es la mayor riqueza: la riqueza de Jesús es su confianza ilimitada en Dios Padre, es encomendarse a Él en todo momento, buscando siempre y solamente su voluntad y su gloria. Es rico como lo es un niño que se siente amado por sus padres y los ama, sin dudar ni un instante de su amor y su ternura. La riqueza de Jesús radica en el hecho de ser *el Hijo*, su relación única con el Padre es la prerrogativa soberana de este Mesías pobre. Cuando Jesús nos invita a tomar su «yugo llevadero», nos invita a enriquecernos con esta «rica pobreza» y «pobre riqueza» suyas, a compartir con Él su espíritu filial y fraterno, a convertirnos en hijos en el Hijo, hermanos en el Hermano Primogénito (cf. Rom 8,29).

Se ha dicho que la única verdadera tristeza es no ser santos (L. Bloy); podríamos decir también que hay una única verdadera miseria: no vivir como hijos de Dios y hermanos de Cristo.

Podríamos pensar que este «camino» de la pobreza fue el de Jesús, mientras que nosotros, que venimos después de Él, podemos salvar el mundo con los medios humanos adecuados. No es así. En toda época y en todo lugar, Dios sigue salvando a los hombres y salvando el mundo *mediante la pobreza de Cristo*, el cual se hace pobre en los Sacramentos, en la Palabra y en su Iglesia, que es un pueblo de pobres. La riqueza de Dios no puede pasar a través de nuestra riqueza, sino siempre y solamente a través de nuestra pobreza, personal y comunitaria, animada por el Espíritu de Cristo.

A imitación de nuestro Maestro, los cristianos estamos llamados a mirar las miserias de los hermanos, a tocarlas, a hacernos cargo de ellas y a realizar obras concretas a fin de aliviarlas. La *miseria* no coincide con la *pobreza*; la miseria es la pobreza sin confianza, sin solidaridad, sin esperanza. Podemos distinguir tres tipos de miseria: la miseria material, la miseria moral y la miseria espiritual. La *miseria material* es la que habitualmente llamamos pobreza y toca a cuantos viven en una condición que no es digna de la persona humana: privados de sus derechos fundamentales y de los bienes de primera necesidad como la comida, el agua, las condiciones higiénicas, el trabajo, la posibilidad de desarrollo y de crecimiento cultural. Frente a esta miseria la Iglesia ofrece su servicio, su *diakonia*, para responder a las necesidades y curar estas heridas que desfiguran el rostro de la humanidad. En los pobres y en los últimos vemos el rostro de Cristo; amando y ayudando a los pobres amamos y servimos a Cristo. Nuestros esfuerzos se orientan asimismo a encontrar el modo de que cesen en el mundo las violaciones de la dignidad humana, las discriminaciones y los abusos, que, en tantos casos, son el origen de la miseria. Cuando el poder, el lujo y el dinero se convierten en ídolos, se anteponen a la exigencia de una distribución justa de las riquezas. Por tanto, es necesario que las conciencias se conviertan a la justicia, a la igualdad, a la sobriedad y al compartir.

No es menos preocupante la *miseria moral*, que consiste en convertirse en esclavos del vicio y del pecado. ¡Cuántas familias viven angustiadas porque alguno de sus miembros —a menudo joven— tiene dependencia del alcohol, las drogas, el juego o la pornografía! ¡Cuántas personas han perdido el sentido de la vida, están privadas de perspectivas para el futuro y han perdido la esperanza! Y cuántas personas se ven obligadas a vivir esta miseria por condiciones sociales injustas, por falta de un trabajo, lo cual les priva de la dignidad que da llevar el pan a casa, por falta de igualdad respecto de los derechos a la educación y la salud. En estos casos la miseria moral bien podría llamarse casi suicidio incipiente. Esta forma de miseria, que también es causa de ruina económica, siempre va unida a la *miseria espiritual*, que nos golpea cuando nos alejamos de Dios y rechazamos su amor. Si consideramos que no necesitamos a Dios, que en Cristo nos tiende la mano, porque pensamos que nos bastamos a nosotros mismos, nos encaminamos por un camino de fracaso. Dios es el único que verdaderamente salva y libera.

El Evangelio es el verdadero antídoto contra la miseria espiritual: en cada ambiente el cristiano está llamado a llevar el anuncio liberador de que existe el perdón del mal cometido, que Dios es más grande que nuestro pecado y nos ama gratuitamente, siempre, y que estamos hechos para la comunión y para la vida eterna. ¡El Señor nos invita a anunciar con gozo este mensaje de misericordia y de esperanza! Es hermoso experimentar la alegría de extender esta buena nueva, de compartir el tesoro que se nos ha confiado, para consolar los corazones afligidos y dar esperanza a tantos hermanos y hermanas sumidos en el vacío. Se trata de seguir e imitar a Jesús, que fue en busca de los pobres y los pecadores como el pastor con la oveja perdida, y lo hizo lleno de amor. Unidos a Él, podemos abrir con valentía nuevos caminos de evangelización y promoción humana.

Queridos hermanos y hermanas, que este tiempo de Cuaresma encuentre a toda la Iglesia dispuesta y solícita a la hora de testimoniar a cuantos viven en la miseria material, moral y espiritual el mensaje evangélico, que se resume en el anuncio del amor del Padre misericordioso, listo para abrazar en Cristo a cada persona. Podremos hacerlo en la medida en que nos conformemos a Cristo, que se hizo pobre y nos enriqueció con su pobreza. La Cuaresma es un tiempo adecuado para despojarse; y nos hará bien preguntarnos de qué podemos privarnos a fin de ayudar y enriquecer a otros con nuestra pobreza. No olvidemos que la verdadera pobreza duele: no sería válido un despojo sin esta dimensión penitencial. Desconfío de la limosna que no cuesta y no duele.

Que el Espíritu Santo, gracias al cual «[somos] como pobres, pero que enriquece a muchos; como necesitados, pero poseyéndolo todo» (2 Cor 6,10), sostenga nuestros propósitos y fortalezca en nosotros la atención y la responsabilidad ante la miseria humana, para que seamos misericordiosos y agentes de misericordia. […].

La fuerza revolucionaria de las Bienaventuranzas

Siempre nos hace bien leer y meditar las Bienaventuranzas. Jesús las proclamó en su primera gran predicación, a orillas del lago de Galilea. Había un gentío tan grande, que subió a un monte para enseñar a sus discípulos; por eso, esa predicación se llama el «sermón de la montaña». En la Biblia, el monte es el lugar donde Dios se revela, y Jesús, predicando desde el monte, se presenta como maestro divino, como un nuevo Moisés. Y ¿qué enseña? Jesús enseña el camino de la vida, el camino que Él mismo recorre, es más, que Él mismo es, y lo propone como *camino para la verdadera felicidad*. En toda su vida, desde el nacimiento en la gruta de Belén hasta la muerte en la cruz y la resurrección, Jesús encarnó las Bienaventuranzas. Todas las promesas del Reino de Dios se han cumplido en Él.

Al proclamar las Bienaventuranzas, Jesús nos invita a seguirle, a recorrer con Él el camino del amor, el único que lleva a la vida eterna. No es un camino fácil, pero el Señor nos asegura su gracia y nunca nos deja solos. Pobreza, aflicciones, humillaciones, lucha por la justicia, cansancios en la conversión cotidiana, dificultades para vivir la llamada a la santidad, persecuciones y otros muchos desafíos están presentes en nuestra vida. Pero, si abrimos la puerta a Jesús, si dejamos que Él esté en nuestra vida, si compartimos con Él las alegrías y los sufrimientos, experimentaremos una paz y una alegría que sólo Dios, amor infinito, puede dar.

Las Bienaventuranzas de Jesús son portadoras de una novedad revolucionaria, de un modelo de felicidad opuesto al que habitualmente nos comunican los *medios de comunicación*, la opinión dominante. Para la mentalidad mundana, es un escándalo que Dios haya venido para hacerse uno de nosotros, que haya muerto en una cruz. En la lógica de este mundo, los que Jesús proclama bienaventurados son considerados «perdedores», débiles. En cambio, son exaltados el éxito a toda costa, el bienestar, la arrogancia del poder, la afirmación de sí mismo en perjuicio de los demás.

Jesús nos pide que respondamos a su propuesta de vida, que decidamos cuál es el camino que queremos recorrer para llegar a la verdadera alegría. Se trata de un gran desafío para la fe. Jesús no tuvo miedo de preguntar a sus discípulos si querían seguirle de verdad o si preferían irse por otros caminos (cf. Jn 6,67). Y Simón, llamado Pedro, tuvo el valor de contestar: «Señor, ¿a quién vamos a acudir? Tú tienes palabras de vida eterna» (Jn 6,68). Si sabéis decir «sí» a Jesús, entonces vuestra vida joven se llenará de significado y será fecunda.

Pero, ¿qué significa «bienaventurados» (en griego *makarioi*)? Bienaventurados quiere decir felices. Decidme: ¿Buscáis de verdad la felicidad? En una época en que tantas apariencias de felicidad nos atraen, corremos el riesgo de contentarnos con poco, de tener una idea de la vida «en pequeño». ¡Aspirad, en cambio, a cosas grandes! ¡Ensanchad vuestros corazones! Como decía el beato Piergiorgio Frassati: «Vivir sin una fe, sin un patrimonio que defender, y sin sostener, en una lucha continua, la verdad, no es vivir, sino ir tirando. Jamás debemos ir tirando, sino vivir» (Carta a I. Bonini, 27 de febrero de 1925). En el día de la beatificación de Piergiorgio Frassati, el 20 de mayo de 1990, Juan Pablo II lo llamó «hombre de las Bienaventuranzas» (*Homilía en la S. Misa: AAS* 82[1990], 1518).

Si de verdad dejáis emerger las aspiraciones más profundas de vuestro corazón, os daréis cuenta de que en vosotros hay un deseo inextinguible de felicidad, y esto os permitirá desenmascarar y rechazar tantas ofertas «a bajo precio» que encontráis a vuestro alrededor. Cuando buscamos el éxito, el placer, el poseer en modo egoísta y los convertimos en ídolos, podemos experimentar también momentos de embriaguez, un falso sentimiento de satisfacción, pero al final nos hacemos esclavos, nunca estamos satisfechos, y sentimos la necesidad de buscar cada vez más. Es muy triste ver a una juventud «harta», pero débil.

San Juan, al escribir a los jóvenes, decía: «Sois fuertes y la palabra de Dios permanece en vosotros, y habéis vencido al Maligno» (1 Jn 2,14). Los jóvenes que escogen a Jesús son fuertes, se alimentan de su Palabra y no se «atiborran» de otras cosas. Atreveos a ir contracorriente. Sed capaces de buscar la verdadera felicidad. Decid no a la cultura de lo provisional, de la superficialidad y del usar y tirar, que no os considera capaces de asumir responsabilidades y de afrontar los grandes desafíos de la vida.

«Bienaventurados los pobres de espíritu...»

La primera Bienaventuranza, tema de la próxima Jornada Mundial de la Juventud, declara felices a los *pobres de espíritu*, porque a ellos pertenece el Reino de los cielos. En un tiempo en el que tantas personas sufren a causa de la crisis económica, poner la pobreza al lado de la felicidad puede parecer algo fuera de lugar. ¿En qué sentido podemos hablar de la pobreza como una bendición?

En primer lugar, intentemos comprender lo que significa *«pobres de espíritu»*. Cuando el Hijo de Dios se hizo hombre, eligió un camino de pobreza, de humillación. Como dice San Pablo en la Carta a los Filipenses: «Tened entre vosotros los sentimientos propios de Cristo Jesús. El cual, siendo de condición divina, no retuvo ávidamente el ser igual a Dios; al contrario, se despojó de sí mismo tomando la condición de esclavo, hecho semejante a los hombres» (2,5-7). Jesús es Dios que se despoja de su gloria. Aquí vemos la elección de la pobreza por parte de Dios: siendo rico, se hizo pobre para enriquecernos con su pobreza (cf. 2 Cor 8,9). Es el misterio que contemplamos en el belén, viendo al Hijo de Dios en un pesebre, y después en una cruz, donde la humillación llega hasta el final.

El adjetivo griego *ptochós* (pobre) no sólo tiene un significado material, sino que quiere decir «mendigo». Está ligado al concepto judío de *anawim*, los «pobres de Yahvé», que evoca humildad, conciencia de los propios límites, de la propia condición existencial de pobreza. Los *anawim* se fían del Señor, saben que dependen de Él.

Jesús, como entendió perfectamente santa Teresa del Niño Jesús, en su Encarnación se presenta como un mendigo, un necesitado en busca de amor. El *Catecismo de la Iglesia Católica* habla del hombre como un «mendigo de Dios» (n.º 2559) y nos dice que la oración es el encuentro de la sed de Dios con nuestra sed (n.º 2560).

San Francisco de Asís comprendió muy bien el secreto de la Bienaventuranza de los pobres de espíritu. De hecho, cuando Jesús le habló en la persona del leproso y en el Crucifijo, reconoció la grandeza de Dios y su propia condición de humildad. En la oración, el *Poverello* pasaba horas preguntando al Señor: «¿Quién eres tú? ¿Quién soy yo?». Se despojó de una vida acomodada y despreocupada para desposarse con la «Señora Pobreza», para imitar a Jesús y seguir el Evangelio al pie de la letra. Francisco vivió inseparablemente la *imitación de Cristo pobre* y el *amor a los pobres*, como las dos caras de una misma moneda.

Vosotros me podríais preguntar: ¿Cómo podemos hacer que esta *pobreza de espíritu* se transforme en un estilo de vida, que se refleje concretamente en nuestra existencia? Os contesto con tres puntos.

Ante todo, intentad ser *libres en relación con las cosas*. El Señor nos llama a un estilo de vida evangélico de sobriedad, a no dejarnos llevar por la cultura del consumo. Se trata de buscar lo esencial, de aprender a despojarse de tantas cosas superfluas que nos ahogan. Desprendámonos de la codicia del tener, del dinero idolatrado y después derrochado. Pongamos a Jesús en primer lugar. Él nos puede liberar de las idolatrías que nos convierten en esclavos. ¡Fiaros de Dios, queridos jóvenes! Él nos conoce, nos ama y jamás se olvida de nosotros. Así como cuida de los lirios del campo (cf. Mt 6,28), no permitirá que nos falte nada. También para superar la crisis económica hay que estar dispuestos a cambiar de estilo de vida, a evitar tanto derroche. Igual que se necesita valor para ser felices, también es necesario el valor para ser sobrios.

En segundo lugar, para vivir esta Bienaventuranza necesitamos la *conversión en relación a los pobres*. Tenemos que preocuparnos de ellos, ser sensibles a sus necesidades espirituales y materiales. A vosotros, jóvenes, os encomiendo en modo particular la tarea de volver a poner en el centro de la cultura humana la solidaridad. Ante las viejas y nuevas formas de pobreza —el desempleo, la emigración, los diversos tipos de dependencias—, tenemos el deber de estar atentos y vigilantes, venciendo la tentación de la indiferencia. Pensemos también en los que no se sienten amados, que no tienen esperanza en el futuro, que renuncian a comprometerse en la vida porque están desanimados, desilusionados, acobardados. Tenemos que aprender a estar con los pobres. No nos llenemos la boca con hermosas palabras sobre los pobres. Acerquémonos a ellos, mirémosles a los ojos, escuchémosles. Los pobres son para nosotros una ocasión concreta de encontrar al mismo Cristo, de tocar su carne que sufre.

Pero los pobres —y éste es el tercer punto— no sólo son personas a las que les podemos dar algo. También ellos *tienen algo que ofrecernos, que enseñarnos*. ¡Tenemos tanto que aprender de la sabiduría de los pobres! Un santo del siglo XVIII, Benito José Labre, que dormía en las calles de Roma y vivía de las limosnas de la gente, se convirtió en consejero espiritual de muchas personas, entre las que figuraban nobles y prelados. En cierto sentido, los pobres son para nosotros como maestros. Nos enseñan que una persona no es valiosa por lo que posee, por lo que tiene en su cuenta en el banco. Un pobre, una persona que no tiene bienes materiales, mantiene siempre su dignidad. Los pobres pueden enseñarnos mucho, también sobre la humildad y la confianza en Dios. En la parábola del fariseo y el publicano (cf. Lc 18,9-14), Jesús presenta a este último como modelo porque es humilde y se considera pecador. También la viuda que echa dos pequeñas monedas en el tesoro del templo es un ejemplo de la generosidad de quien, aun teniendo poco o nada, da todo (cf. Lc 21,1-4).

«...porque de ellos es el reino de los cielos»

El tema central en el Evangelio de Jesús es el Reino de Dios. Jesús es el Reino de Dios en persona, es el Emmanuel, Dios-con-nosotros. Es en el corazón del hombre donde el Reino, el señorío de Dios, se establece y crece. El Reino es al mismo tiempo don y promesa. Ya se nos ha dado en Jesús, pero aún debe cumplirse en plenitud. Por ello pedimos cada día al Padre: «Venga a nosotros tu reino».

Hay un profundo vínculo entre pobreza y evangelización, entre el tema de la pasada Jornada Mundial de la Juventud —«Id y haced discípulos a todos los pueblos» (Mt 28,19)— y el de este año: «Bienaventurados los pobres de espíritu, porque de ellos es el reino de los cielos» (Mt 5,3). El Señor quiere una Iglesia pobre que evangelice a los pobres. Cuando Jesús envió a los Doce, les dijo: «No os procuréis en la faja oro, plata ni cobre; ni tampoco alforja para el camino; ni dos túnicas, ni sandalias, ni bastón; bien merece el obrero su sustento» (Mt 10,9-10). La pobreza evangélica es una condición fundamental para que el Reino de Dios se difunda. Las alegrías más hermosas y espontáneas que he visto en el transcurso de mi vida son las de personas pobres, que tienen poco a que aferrarse. La evangelización, en nuestro tiempo, sólo será posible por medio del contagio de la alegría.

Como hemos visto, la Bienaventuranza de los pobres de espíritu orienta nuestra relación con Dios, con los bienes materiales y con los pobres. Ante el ejemplo y las palabras de Jesús, nos damos cuenta de cuánta necesidad tenemos de conversión, de hacer que la lógica del *ser más* prevalezca sobre la del *tener más*. Los santos son los que más nos pueden ayudar a entender el significado profundo de las Bienaventuranzas. La canonización de Juan Pablo II el segundo Domingo de Pascua es, en este sentido, un acontecimiento que llena nuestro corazón de alegría. Él será el gran patrono de las JMJ, de las que fue iniciador y promotor. En la comunión de los santos seguirá siendo para todos vosotros un padre y un amigo.

El próximo mes de abril es también el trigésimo aniversario de la entrega de la Cruz del Jubileo de la Redención a los jóvenes. Precisamente a partir de ese acto simbólico de Juan Pablo II comenzó la gran peregrinación juvenil que, desde entonces, continúa a través de los cinco continentes. Muchos recuerdan las palabras con las que el Papa, el Domingo de Pascua de 1984, acompañó su gesto: «Queridos jóvenes, al clausurar el Año Santo, os confío el signo de este Año Jubilar: ¡la Cruz de Cristo! Llevadla por el mundo como signo del amor del Señor Jesús a la humanidad y anunciad a todos que sólo en Cristo muerto y resucitado hay salvación y redención».

Queridos jóvenes, el magníficat, el cántico de María, pobre de espíritu, es también el canto de quien vive las Bienaventuranzas. La alegría del Evangelio brota de un corazón pobre, que sabe regocijarse y maravillarse por las obras de Dios, como el corazón de la Virgen, a quien todas las generaciones llaman «dichosa» (cf. Lc 1, 48). Que Ella, la madre de los pobres y la estrella de la nueva evangelización, nos ayude a vivir el Evangelio, a encarnar las Bienaventuranzas en nuestra vida, a atrevernos a ser felices.

La cultura del encuentro

Hoy vivimos en un mundo que se va haciendo cada vez más «pequeño»; por lo tanto, parece que debería ser más fácil estar cerca los unos de los otros. El desarrollo de los transportes y de las tecnologías de la comunicación nos acerca, conectándonos mejor, y la globalización nos hace interdependientes. Sin embargo, en la humanidad aún quedan divisiones, a veces muy marcadas. A nivel global vemos la escandalosa distancia entre el lujo de los más ricos y la miseria de los más pobres. A menudo basta caminar por una ciudad para ver el contraste entre la gente que vive en las aceras y la luz resplandeciente de las tiendas. Nos hemos acostumbrado tanto a ello que ya no nos llama la atención. El mundo sufre numerosas formas de exclusión, marginación y pobreza; así como de conflictos en los que se mezclan causas económicas, políticas, ideológicas y también, desgraciadamente, religiosas.

En este mundo, los medios de comunicación pueden ayudar a que nos sintamos más cercanos los unos de los otros, a que percibamos un renovado sentido de unidad de la familia humana que nos impulse a la solidaridad y al compromiso serio por una vida más digna para todos. Comunicar bien nos ayuda a conocernos mejor entre nosotros, a estar más unidos. Los muros que nos dividen solamente se pueden superar si estamos dispuestos a escuchar y a aprender los unos de los otros. Necesitamos resolver las diferencias mediante formas de diálogo que nos permitan crecer en la comprensión y el respeto. La cultura del encuentro requiere que estemos dispuestos no sólo a dar, sino también a recibir de los otros. Los medios de comunicación pueden ayudarnos en esta tarea, especialmente hoy, cuando las redes de la comunicación humana han alcanzado niveles de desarrollo inauditos. En particular, Internet puede ofrecer mayores posibilidades de encuentro y de solidaridad entre todos; y esto es algo bueno, es un don de Dios.

Sin embargo, también existen aspectos problemáticos: la velocidad con la que se suceden las informaciones supera nuestra capacidad de reflexión y de juicio, y no permite una expresión mesurada y correcta de uno mismo. La variedad de las opiniones expresadas puede ser percibida como una riqueza, pero también es posible encerrarse en una esfera hecha de informaciones que sólo correspondan a nuestras expectativas e ideas, o incluso a determinados intereses políticos y económicos. El mundo de la comunicación puede ayudarnos a crecer o, por el contrario, a desorientarnos. El deseo de conexión digital puede terminar por aislarnos de nuestro prójimo, de las personas que tenemos al lado. Sin olvidar que quienes no acceden a estos medios de comunicación social —por tantos motivos—, corren el riesgo de quedar excluidos.

Estos límites son reales, pero no justifican un rechazo de los medios de comunicación social; más bien nos recuerdan que la comunicación es, en definitiva, una conquista más humana que tecnológica. Entonces, ¿qué es lo que nos ayuda a crecer en humanidad y en comprensión recíproca en el mundo digital? Por ejemplo, tenemos que recuperar un cierto sentido de lentitud y de calma. Esto requiere tiempo y capacidad de guardar silencio para escuchar. Necesitamos ser pacientes si queremos entender a quien es distinto de nosotros: la persona se expresa con plenitud no cuando se ve simplemente tolerada, sino cuando percibe que es verdaderamente acogida. Si tenemos el genuino deseo de escuchar a los otros, entonces aprenderemos a mirar el mundo con ojos distintos y a apreciar la experiencia humana tal y como se manifiesta en las distintas culturas y tradiciones. Pero también sabremos apreciar mejor los grandes valores inspirados desde el cristianismo, por ejemplo, la visión del hombre como persona, el matrimonio y la familia, la distinción entre la esfera religiosa y la esfera política, los principios de solidaridad y subsidiaridad, entre otros.

Entonces, ¿cómo se puede poner la comunicación al servicio de una auténtica cultura del encuentro? Para nosotros, discípulos del Señor, ¿qué significa encontrar una persona según el Evangelio? ¿Es posible, aun a pesar de nuestros límites y pecados, estar verdaderamente cerca los unos de los otros? Estas preguntas se resumen en la que un escriba, es decir un comunicador, le dirigió un día a Jesús: «¿Quién es mi prójimo?» (Lc 10,29). La pregunta nos ayuda a entender la comunicación en términos de proximidad. Podríamos traducirla así: ¿cómo se manifiesta la «proximidad» en el uso de los medios de comunicación y en el nuevo ambiente creado por la tecnología digital? Descubro una respuesta en la parábola del buen samaritano, que es también una parábola del comunicador. En efecto, quien comunica se hace prójimo, cercano. El buen samaritano no sólo se acerca, sino que se hace cargo del hombre medio muerto que encuentra al borde del camino. Jesús invierte la perspectiva: no se trata de reconocer al otro como mi semejante, sino de ser capaz de hacerme semejante al otro. Comunicar significa, por tanto, tomar conciencia de que somos humanos, hijos de Dios. Me gusta definir este poder de la comunicación como «proximidad».

Cuando la comunicación tiene como objetivo preponderante inducir al consumo o a la manipulación de las personas, nos encontramos ante una agresión violenta como la que sufrió el hombre apaleado por los bandidos y abandonado al borde del camino, como leemos en la parábola. El levita y el sacerdote no ven en él a su prójimo, sino a un extraño de quien es mejor alejarse. En aquel tiempo, lo que les condicionaba eran las leyes de la purificación ritual. Hoy corremos el riesgo de que algunos medios nos condicionen hasta el punto de hacernos ignorar a nuestro prójimo real.

No basta pasar por las «calles» digitales, es decir simplemente estar conectados: es necesario que la conexión vaya acompañada de un verdadero encuentro. No podemos vivir solos, encerrados en nosotros mismos. Necesitamos amar y ser amados. Necesitamos ternura. Las estrategias comunicativas no garantizan la belleza, la bondad y la verdad de la comunicación. El mundo de los medios de comunicación no puede ser ajeno de la preocupación por la humanidad, sino que está llamado a expresar también ternura. La red digital puede ser un lugar rico en humanidad: no una red de cables, sino de personas humanas. La neutralidad de los medios de comunicación es aparente: sólo quien comunica poniéndose en juego a sí mismo puede representar un punto de referencia. El compromiso personal es la raíz misma de la fiabilidad de un comunicador. Precisamente por eso el testimonio cristiano, gracias a la red, puede alcanzar las periferias existenciales.

Lo repito a menudo: entre una Iglesia accidentada por salir a la calle y una Iglesia enferma de autoreferencialidad, prefiero sin duda la primera. Y las calles del mundo son el lugar donde la gente vive, donde es accesible efectiva y afectivamente. Entre estas calles también se encuentran las digitales, pobladas de humanidad, a menudo herida: hombres y mujeres que buscan una salvación o una esperanza. Gracias también a las redes, el mensaje cristiano puede viajar «hasta los confines de la tierra» (Hch 1,8). Abrir las puertas de las iglesias significa abrirlas asimismo en el mundo digital, tanto para que la gente entre, en cualquier condición de vida en la que se encuentre, como para que el Evangelio pueda cruzar el umbral del templo y salir al encuentro de todos. Estamos llamados a dar testimonio de una Iglesia que sea la casa de todos. ¿Somos capaces de comunicar este rostro de la Iglesia? La comunicación contribuye a dar forma a la vocación misionera de toda la Iglesia; y las redes sociales son hoy uno de los lugares donde vivir esta vocación redescubriendo la belleza de la fe, la belleza del encuentro con Cristo. También en el contexto de la comunicación sirve una Iglesia que logre llevar calor y encender los corazones.

No se ofrece un testimonio cristiano bombardeando mensajes religiosos, sino con la voluntad de donarse a los demás «a través de la disponibilidad para responder pacientemente y con respeto a sus preguntas y sus dudas en el camino de búsqueda de la verdad y del sentido de la existencia humana» (Benedicto XVI, *Mensaje para la XLVII Jornada Mundial de las Comunicaciones Sociales*, 2013). Pensemos en el episodio de los discípulos de Emaús. Es necesario saber entrar en diálogo con los hombres y las mujeres de hoy para entender sus expectativas, sus dudas, sus esperanzas, y poder ofrecerles el Evangelio, es decir Jesucristo, Dios hecho hombre, muerto y resucitado para liberarnos del pecado y de la muerte. Este desafío requiere profundidad, atención a la vida, sensibilidad espiritual. Dialogar significa estar convencidos de que el otro tiene algo bueno que decir, acoger su punto de vista, sus propuestas. Dialogar no significa renunciar a las propias ideas y tradiciones, sino a la pretensión de que sean únicas y absolutas.

Que la imagen del buen samaritano que venda las heridas del hombre apaleado, vertiendo sobre ellas aceite y vino, nos sirva como guía. Que nuestra comunicación sea aceite perfumado para el dolor y vino bueno para la alegría. Que nuestra luminosidad no provenga de trucos o efectos especiales, sino de acercarnos, con amor y con ternura, a quien encontramos herido en el camino. No tengan miedo de hacerse ciudadanos del mundo digital. El interés y la presencia de la Iglesia en el mundo de la comunicación son importantes para dialogar con el hombre de hoy y llevarlo al encuentro con Cristo: una Iglesia que acompaña en el camino sabe ponerse en camino con todos. En este contexto, la revolución de los medios de comunicación y de la información constituye un desafío grande y apasionante que requiere energías renovadas y una imaginación nueva para transmitir a los demás la belleza de Dios.

V

ACOMPAÑAR EN EL CAMINO

El tiempo de la misericordia

«Jesús recorría todas las ciudades y los pueblos, enseñando en las sinagogas, proclamando la Buena Noticia del Reino y curando todas las enfermedades y dolencias. Al ver a la multitud, tuvo compasión, porque estaban fatigados y abatidos, como ovejas que no tienen pastor» (Mt 9,35-36). Este pasaje del Evangelio de Mateo que hemos escuchado nos hace dirigir la mirada a Jesús que camina por las ciudades y los poblados. Y esto es curioso. ¿Cuál es el sitio donde Jesús estaba más a menudo, donde se le podía encontrar con más facilidad? Por los caminos. Podía parecer un sin morada fija, porque estaba siempre por la calle. La vida de Jesús estaba por los caminos. Sobre todo nos invita a percibir la profundidad de su corazón, lo que Él siente por la multitud, por la gente que encuentra: esa actitud interior de «compasión», viendo a la multitud, sintió compasión. Porque ve a las personas «cansadas y extenuadas, como ovejas sin pastor». Hemos escuchado muchas veces estas palabras, que tal vez no entran con fuerza. Pero son fuertes. Un poco como muchas personas que vosotros encontráis hoy por las calles de vuestros barrios... Luego el horizonte se amplía, y vemos que estas ciudades y estos poblados no son sólo Roma e Italia, sino que son el mundo... y aquellas multitudes extenuadas son poblaciones de muchos países que están sufriendo situaciones aún más difíciles...

Entonces comprendemos que nosotros no estamos aquí para hacer un hermoso ejercicio espiritual al inicio de la Cuaresma, sino para escuchar la voz del Espíritu que habla a toda la Iglesia en este tiempo nuestro, que es precisamente el tiempo de la misericordia. De ello estoy seguro. No es sólo la Cuaresma; nosotros estamos viviendo en tiempo de misericordia, desde hace treinta años o más, hasta ahora.

Ésta fue una intuición del beato Juan Pablo II. Él tuvo el «olfato» de que éste era el tiempo de la misericordia. Pensemos en la beatificación y canonización de sor Faustina Kowalska; luego introdujo la fiesta de la Divina Misericordia. Despacito fue avanzando, siguió adelante con esto.

En la homilía para la canonización, que tuvo lugar en el año 2000, Juan Pablo II destacó que el mensaje de Jesucristo a sor Faustina se sitúa temporalmente entre las dos guerras mundiales y está muy vinculado a la historia del siglo XX. Y mirando al futuro dijo: «¿Qué nos depararán los próximos años? ¿Cómo será el futuro del hombre en la tierra? No podemos saberlo. Sin embargo, es cierto que, además de los nuevos progresos, no faltarán, por desgracia, experiencias dolorosas. Pero la luz de la misericordia divina, que el Señor quiso volver a entregar al mundo mediante el carisma de sor Faustina, iluminará el camino de los hombres del tercer milenio». Está claro. Aquí es explícito, en el año 2000, pero es algo que en su corazón maduraba desde hacía tiempo. En su oración tuvo esta intuición.

Hoy olvidamos todo con demasiada rapidez, incluso el Magisterio de la Iglesia. En parte es inevitable, pero los grandes contenidos, las grandes intuiciones y los legados dejados al Pueblo de Dios no podemos olvidarlos. Y el de la divina misericordia es uno de ellos. Es un legado que él nos ha dado, pero que viene de lo alto. Nos corresponde a nosotros, como ministros de la Iglesia, mantener vivo este mensaje, sobre todo en la predicación y en los gestos, en los signos, en las opciones pastorales, por ejemplo la opción de restituir prioridad al sacramento de la Reconciliación, y al mismo tiempo a las obras de misericordia. Reconciliar, poner paz mediante el Sacramento, y también con las palabras, y con las obras de misericordia [...].

Preguntémonos qué significa misericordia para un sacerdote, permitidme decir para nosotros sacerdotes. Para nosotros, para todos nosotros. Los sacerdotes se conmueven ante las ovejas, como Jesús, cuando veía a la gente cansada y extenuada como ovejas sin pastor. Jesús tiene las «entrañas» de Dios, Isaías habla mucho de ello: está lleno de ternura hacia la gente, especialmente hacia las personas excluidas, es decir, hacia los pecadores, hacia los enfermos de los que nadie se hace cargo... De modo que a imagen del buen Pastor, el sacerdote es hombre de misericordia y de compasión, cercano a su gente y servidor de todos. Éste es un criterio pastoral que quisiera subrayar bien: la cercanía. La proximidad y el servicio, pero la proximidad, la cercanía... Quien sea que se encuentre herido en su vida, de cualquier modo, puede encontrar en él atención y escucha... En especial el sacerdote demuestra entrañas de misericordia al administrar el sacramento de la Reconciliación; lo demuestra en toda su actitud, en el modo de acoger, de escuchar, de aconsejar, de absolver... Pero esto deriva del modo en el cual él mismo vive el sacramento en primera persona, del modo como se deja abrazar por Dios Padre en la Confesión, y permanece dentro de este abrazo... Si uno vive esto dentro de sí, en su corazón, puede también donarlo a los demás en el ministerio. Y os dejo una pregunta: ¿Cómo me confieso? ¿Me dejo abrazar? Me viene a la mente un gran sacerdote de Buenos Aires, tiene menos años que yo, tendrá 72... Una vez vino a mí. Es un gran confesor: siempre hay fila con él... Los sacerdotes, la mayoría, van a él a confesarse... Es un gran confesor. Y una vez vino a mí: «Pero padre...». «Dime». «Tengo un poco de escrúpulos, porque sé que perdono demasiado». «Reza... si tú perdonas demasiado...». Y hemos hablado de la misericordia. A un cierto punto me dijo: «Sabes, cuando yo siento que es fuerte este escrúpulo, voy a la capilla, ante el Sagrario, y le digo: Discúlpame, Tú tienes la culpa, porque me has dado un mal ejemplo. Y me marcho tranquilo...». Es una hermosa oración de misericordia. Si uno en la confesión vive esto en sí mismo, en su corazón, puede también donarlo a los demás.

El sacerdote está llamado a aprender esto, a tener un corazón que se conmueve. Los sacerdotes —me permito la palabra— «fríos», los «de laboratorio», todo limpio, todo hermoso, no ayudan a la Iglesia. Hoy podemos pensar a la Iglesia como un «hospital de campo». Esto, perdonadme, lo repito, porque lo veo así, lo siento así: un «hospital de campo». Se necesita curar las heridas, muchas heridas. Muchas heridas. Hay mucha gente herida, por los problemas materiales, por los escándalos, incluso en la Iglesia... Gente herida por las falacias del mundo... Nosotros, sacerdotes, debemos estar allí, cerca de esta gente. Misericordia significa ante todo curar las heridas. Cuando uno está herido, necesita en seguida esto, no los análisis, como los valores del colesterol, de la glucemia... Pero está la herida, sana la herida, y luego vemos los análisis. Después se harán los tratamientos especializados, pero antes se deben curar las heridas abiertas. Para mí, en este momento, esto es más importante. Y hay también heridas ocultas, porque hay gente que se aleja para no mostrar las heridas... Me viene a la mente la costumbre, por la ley mosaica, de los leprosos en tiempo de Jesús, que siempre estaban alejados, para no contagiar... Hay gente que se aleja por vergüenza, por esa vergüenza de no mostrar las heridas...

Y se alejan tal vez un poco con la cara torcida, en contra de la Iglesia, pero en el fondo, dentro, está la herida... ¡Quieren una caricia! Y vosotros, queridos hermanos —os pregunto—, ¿conocéis las heridas de vuestros feligreses? ¿Las intuís? ¿Estáis cercanos a ellos? Es la única pregunta...

Volvamos al sacramento de la Reconciliación. Sucede a menudo, a nosotros, sacerdotes, escuchar la experiencia de nuestros fieles que nos cuentan de haber encontrado en la Confesión un sacerdote muy «riguroso», o por el contrario muy «liberal», *rigorista* o *laxista*. Y esto no está bien. Que haya diferencias de estilo entre los confesores es normal, pero estas diferencias no pueden referirse a la esencia, es decir, a la sana doctrina moral y a la misericordia. Ni el laxista ni el rigorista dan testimonio de Jesucristo, porque ni uno ni otro se hace cargo de la persona que encuentra. El rigorista se lava las manos: en efecto, la clava a la ley entendida de modo frío y rígido; el laxista, en cambio, se lava las manos: sólo aparentemente es misericordioso, pero en realidad no toma en serio el problema de esa conciencia, minimizando el pecado. La misericordia auténtica *se hace cargo* de la persona, la escucha atentamente, se acerca con respeto y con verdad a su situación, y la acompaña en el camino de la reconciliación. Y esto es fatigoso, sí, ciertamente. El sacerdote verdaderamente misericordioso se comporta como el buen Samaritano... pero, ¿por qué lo hace? Porque su corazón es capaz de compasión, es el corazón de Cristo.

Sabemos bien que *ni el laxismo ni el rigorismo hacen crecer la santidad.* Tal vez algunos rigoristas parecen santos, santos... Pero pensad en Pelagio y luego hablamos... No santifican al sacerdote, y no santifican al fiel, ni el laxismo ni el rigorismo. La misericordia, en cambio, acompaña el camino de la santidad, la acompaña y la hace crecer... ¿Demasiado trabajo para un párroco? Es verdad, demasiado trabajo. ¿Y de qué modo acompaña y hace crecer el camino de la santidad? A través del sufrimiento pastoral, que es una forma de la misericordia. ¿Qué significa sufrimiento pastoral? Quiere decir sufrir por y con las personas. Y esto no es fácil. Sufrir como un padre y una madre sufren por los hijos; me permito decir, incluso con ansiedad...

Para explicarme os hago algunas preguntas que me ayudan cuando un sacerdote viene a mí. Me ayudan también cuando estoy solo ante el Señor.

Dime: ¿Tú lloras? ¿O hemos perdido las lágrimas? Recuerdo que en los misales antiguos, los de otra época, hay una oración hermosa para pedir el don de las lágrimas. Comenzaba así la oración: «Señor, Tú que diste a Moisés el mandato de golpear la piedra para que brotase agua, golpea la piedra de mi corazón para que las lágrimas...»: era así, más o menos, la oración. Era hermosísima. Pero, ¿cuántos de nosotros lloramos ante el sufrimiento de un niño, ante la destrucción de una familia, ante tanta gente que no encuentra el camino?... El llanto del sacerdote... ¿Tú lloras? ¿O en este presbiterio hemos perdido las lágrimas?

¿Lloras por tu pueblo? Dime, ¿tú haces la oración de intercesión ante el sagrario?

¿Tú luchas con el Señor por tu pueblo, como luchó Abrahán?: «¿Y si fuesen menos? ¿Y si son 25? ¿Y si son 20?...» (cf. Gn 18,22-33). Esa oración valiente de intercesión... Nosotros hablamos de *parresia*, de valor apostólico, y pensamos en los proyectos pastorales, esto está bien, pero la *parresia* misma es necesaria también en la oración. ¿Luchas con el Señor? ¿Discutes con el Señor como hizo Moisés? Cuando el Señor estaba harto, cansado de su pueblo y le dijo: «Tú quédate tranquilo... destruiré a todos, y te haré jefe de otro pueblo». «¡No, no! Si tú destruyes al pueblo, me destruyes también a mí». ¡Éstos tenían los pantalones! Y hago una pregunta: ¿Tenemos nosotros los pantalones para luchar con Dios por nuestro pueblo?

Otra pregunta que hago: por la noche, ¿cómo concluyes tu jornada? ¿Con el Señor o con la televisión?

¿Cómo es tu relación con quienes te ayudan a ser más misericordioso? Es decir, ¿cómo es tu relación con los niños, los ancianos, los enfermos? ¿Sabes acariciarlos, o te avergüenzas de acariciar a un anciano?

No tengas vergüenza de la carne de tu hermano. Al final, seremos juzgados acerca de cómo hemos sabido acercarnos a «toda carne» —esto es Isaías. No te avergüences de la carne de tu hermano. «Hacernos prójimo»: la proximidad, la cercanía, hacernos cercanos a la carne del hermano. El sacerdote y el levita que pasaron antes que el buen samaritano no supieron acercarse a esa persona maltratada por los bandidos. Su corazón estaba cerrado. Tal vez el sacerdote miró el reloj y dijo: «Debo ir a la misa, no puedo llegar tarde a misa», y se marchó. ¡Justificaciones! Cuántas veces buscamos justificaciones, para dar vueltas alrededor del problema, de la persona. El otro, el levita, o el doctor de la ley, el abogado, dijo: «No, no puedo porque si hago esto mañana tendré que ir como testigo, perderé tiempo...». ¡Las excusas!... Tenían el corazón cerrado. Pero el corazón cerrado se justifica siempre por lo que no hace. En cambio, el samaritano abrió su corazón, se dejó conmover en las entrañas, y ese movimiento interior se tradujo en acción práctica, en una acción concreta y eficaz para ayudar a esa persona.

Al final de los tiempos, se permitirá contemplar la carne glorificada de Cristo sólo a quien no se haya avergonzado de la carne de su hermano herido y excluido.

Os lo confieso, a mí me hace bien, algunas veces, leer la lista sobre la cual seré juzgado, me hace bien: está en Mateo 25 [...].

En Buenos Aires —hablo de otro sacerdote— había un confesor famoso: éste era sacramentino. Casi todo el clero se confesaba con él. Cuando, una de las dos veces que vino, Juan Pablo II pidió un confesor en la nunciatura, fue él. Era anciano, muy anciano... Fue provincial en su Orden, profesor... pero siempre confesor, siempre. Y siempre había fila, allí, en la iglesia del Santísimo Sacramento. En ese tiempo, yo era vicario general y vivía en la Curia, y cada mañana, temprano, bajaba al fax para ver si había algo. Y la mañana de Pascua leí un fax del superior de la comunidad: «Ayer, media hora antes de la vigilia pascual, falleció el padre Aristi, a los 94 —¿o 96?— años. El funeral será el día...». Y la mañana de Pascua yo tenía que ir a almorzar con los sacerdotes del asilo de ancianos —lo hacía normalmente en Pascua—, y luego —me dije— después de la comida iré a la iglesia. Era una iglesia grande, muy grande, con una cripta bellísima. Bajé a la cripta y estaba el ataúd, sólo dos señoras ancianas rezaban allí, sin ninguna flor. Pensé: pero este hombre, que perdonó los pecados a todo el clero de Buenos Aires, también a mí, ni siquiera tiene una flor... Subí y fui a una florería —porque en Buenos Aires, en los cruces de las calles hay florerías, por la calle, en los sitios donde hay gente— y compré flores, rosas... Regresé y comencé a preparar bien el ataúd, con flores... Miré el rosario que tenía entre las manos... E inmediatamente se me ocurrió —ese ladrón que todos tenemos dentro, ¿no?—, y mientras acomodaba las flores tomé la cruz del rosario, y con un poco de fuerza la arranqué. Y en ese momento lo miré y dije: «Dame la mitad de tu misericordia». Sentí una cosa fuerte que me dio el valor de hacer esto y de hacer esa oración. Luego, esa cruz la puse aquí, en el bolsillo. Las camisas del Papa no tienen bolsillos, pero yo siempre llevo aquí una bolsa de tela pequeña, y desde ese día hasta hoy, esa cruz está conmigo. Y cuando me surge un mal pensamiento contra alguna persona, la mano me viene aquí, siempre. Y siento la gracia. Siento que me hace bien. Cuánto bien hace el ejemplo de un sacerdote misericordioso, de un sacerdote que se acerca a las heridas...

Si pensáis, vosotros seguramente habéis conocido a muchos, a muchos, porque los sacerdotes de Italia son buenos. Son buenos. Creo que si Italia es aún tan fuerte, no es tanto por nosotros obispos, sino por los párrocos, por los sacerdotes. Es verdad, esto es verdad. No es un poco de incienso para consolar, lo siento así.

La misericordia. Pensad en tantos sacerdotes que están en el cielo y pedid esta gracia. Que os concedan esa misericordia que tuvieron con sus fieles. Y esto hace bien.

Pastorear al pueblo de Dios

[…] El «Leoniano», como seminario regional, ofrece su servicio a algunas diócesis de la región del Lacio. En la senda de la tradición formativa, el mismo está llamado, en el hoy de la Iglesia, a proponer a los candidatos al sacerdocio una experiencia capaz de transformar sus proyectos vocacionales en fecunda realidad apostólica. Como todo seminario, también el vuestro tiene la finalidad de preparar a los futuros ministros ordenados en un clima de oración, de estudio y de fraternidad. Es este clima evangélico, esta vida llena del Espíritu Santo y de humanidad, lo que permite a quienes se sumergen en él asimilar día a día los sentimientos de Jesucristo, su amor al Padre y a la Iglesia, su entrega sin reservas al pueblo de Dios. Oración, estudio, fraternidad y también vida apostólica: son los cuatro pilares de la formación, que interactúan. La vida espiritual, fuerte; la vida intelectual, seria; la vida comunitaria y, por último, la vida apostólica, pero no en orden de importancia. Los cuatro son importantes, si falta uno de ellos la formación no es buena. Y los cuatro interactúan entre sí. Cuatro pilares, cuatro dimensiones sobre las cuales debe vivir un seminario.

Vosotros, queridos seminaristas, no os estáis preparando para desempeñar una profesión, para convertiros en funcionarios de una empresa o de un organismo burocrático. Tenemos muchos, muchos sacerdotes a mitad de camino. Es un dolor que no hayan logrado llegar a la plenitud: tienen algo de los funcionarios, una dimensión burocrática y esto no hace bien a la Iglesia. Por favor, estad atentos en no caer en esto. Vosotros os estáis convirtiendo en pastores a imagen de Jesús Buen Pastor, para ser como Él *in persona Christi* en medio de su rebaño, para apacentar a sus ovejas.

Ante esta vocación, podemos responder como María al ángel: «¿Cómo es posible esto?» (cf. Lc 1,34). Convertirse en «buenos pastores» a imagen de Jesús es algo demasiado grande, y nosotros somos demasiado pequeños... ¡Es verdad! Pensaba en estos días en la Misa crismal del Jueves Santo y sentí esto, que con este don tan grande, que nosotros recibimos, nuestra pequeñez es fuerte: estamos entre los más pequeños de los hombres. Es verdad, es demasiado grande; pero no es obra nuestra. Es obra del Espíritu Santo, con nuestra colaboración. Se trata de ofrecerse a sí mismo con humildad, como arcilla para ser modelada, para que el alfarero, que es Dios, la trabaje con el agua y el fuego, con la Palabra y el Espíritu. Se trata de entrar en lo que dice san Pablo: «Ya no vivo yo, sino que es Cristo quien vive en mí» (Gal 2,20). Sólo así se puede ser diáconos y presbíteros en la Iglesia, sólo así se puede apacentar al pueblo de Dios y guiarlo no por nuestros caminos, sino por la senda de Jesús, es más, por la *Vía* que es Jesús.

Es verdad que, al inicio, no siempre existe una total rectitud de intención. Pero yo me atrevería a decir: es difícil que exista. Todos nosotros siempre hemos tenido estas pequeñas cosas que no contaban con la rectitud de intención, pero esto con el tiempo se resuelve, con la conversión de cada día. Pensemos en los Apóstoles. Pensad en Santiago y en Juan, que querían convertirse uno en el primer ministro y el otro en el ministro de economía, porque era más importante. Los Apóstoles no tenían aún esta rectitud, pensaban otra cosa y el Señor con mucha paciencia hizo la corrección de la intención y al final era tal la rectitud de su intención que dieron la vida en la predicación y en el martirio. ¡No os asustéis! «Pero yo no estoy seguro si quiero ser sacerdote para promoción...». «¿Pero tú amas a Jesús?». «Sí». «Habla con tu padre espiritual, habla con tus formadores, reza, reza, reza y verás que la rectitud de intención irá adelante».

Y este camino significa meditar cada día el Evangelio, para transmitirlo con la vida y la predicación; significa experimentar la misericordia de Dios en el sacramento de la Reconciliación. Y esto no dejarlo jamás. Confesarse, siempre. Y así llegaréis a ser ministros generosos y misericordiosos porque sentiréis la misericordia de Dios en vosotros. Significa alimentarse con fe y con amor de la Eucaristía, para alimentar con ella al pueblo cristiano; significa ser hombres de oración, para convertirse en voz de Cristo que alaba al Padre e intercede continuamente por los hermanos (cf. Hb 7,25). La oración de intercesión, la que hacían esos grandes hombres —Moisés, Abrahán— que luchaban con Dios en favor del pueblo, esa oración valiente ante Dios.

Si vosotros —pero esto lo digo desde el corazón, sin ofender—, si vosotros, si alguno de vosotros, no estáis dispuestos a seguir este camino, con estas actitudes y estas experiencias, es mejor que tengáis el valor de buscar otro camino. Hay muchas formas, en la Iglesia, de dar testimonio cristiano y muchos caminos que llevan a la santidad. En el seguimiento ministerial de Jesús no hay sitio para la mediocridad, esa mediocridad que conduce siempre a usar el santo pueblo de Dios para beneficio propio. ¡Ay de los malos pastores que se apacientan a sí mismos y no al rebaño! —exclamaban los profetas (cf. Ez 34,1-6), ¡con cuánta fuerza! Y Agustín toma esta frase profética en su *De Pastoribus*, que os recomiendo leer y meditar. Pero atención a los malos pastores, porque el seminario, digamos la verdad, no es un refugio para las muchas limitaciones que podamos tener, un refugio de deficiencias psicológicas o un refugio porque no tengo el valor de ir adelante en la vida y busco allí un sitio que me defienda. No, no es esto. Si vuestro seminario fuese esto, se convertiría en una hipoteca para la Iglesia. No, el seminario es precisamente para ir adelante, adelante por este camino. Y cuando escuchamos que los profetas dicen «¡ay!», que este «¡ay!» os haga reflexionar seriamente sobre vuestro futuro. Pío XI una vez dijo que era mejor perder una vocación que arriesgar con un candidato no seguro. Era alpinista, conocía estas cosas [...].

La alegría del sacerdocio

Queridos hermanos en el sacerdocio. En el Hoy del Jueves Santo, en el que Cristo nos amó hasta el extremo (cf. Jn 13,1), hacemos memoria del día feliz de la Institución del sacerdocio y del de nuestra propia ordenación sacerdotal. El Señor nos ha ungido en Cristo con óleo de alegría y esta unción nos invita a recibir y hacernos cargo de este gran regalo: la alegría, el gozo sacerdotal. La alegría del sacerdote es un bien precioso no sólo para él sino también para todo el pueblo fiel de Dios: ese pueblo fiel del cual es llamado el sacerdote para ser ungido y al que es enviado para ungir.

Ungidos con óleo de alegría para ungir con óleo de alegría. La alegría sacerdotal tiene su fuente en el Amor del Padre, y el Señor desea que la alegría de este Amor «esté en nosotros» y «sea plena» (Jn 15,11). Me gusta pensar la alegría contemplando a Nuestra Señora: María, la «madre del Evangelio viviente, es manantial de alegría para los pequeños» (Exhort. ap. *Evangelii gaudium*, 288), y creo que no exageramos si decimos que el sacerdote es una persona muy pequeña: la inconmensurable grandeza del don que nos es dado para el ministerio nos relega entre los más pequeños de los hombres. El sacerdote es el más pobre de los hombres si Jesús no lo enriquece con su pobreza, el más inútil siervo si Jesús no lo llama amigo, el más necio de los hombres si Jesús no lo instruye pacientemente como a Pedro, el más indefenso de los cristianos si el Buen Pastor no lo fortalece en medio del rebaño. Nadie más pequeño que un sacerdote dejado a sus propias fuerzas; por eso nuestra oración protectora contra toda insidia del Maligno es la oración de nuestra Madre: soy sacerdote porque Él miró con bondad mi pequeñez (cf. Lc 1,48). Y desde esa pequeñez asumimos nuestra alegría. ¡Alegría en nuestra pequeñez!

Encuentro tres rasgos significativos en nuestra alegría sacerdotal: es una alegría que nos unge (no que nos unta y nos vuelve untuosos, suntuosos y presuntuosos), es una alegría *incorruptible* y es una alegría *misionera* que irradia y atrae a todos, comenzando al revés: por los más lejanos.

Una alegría que nos unge. Es decir: penetró en lo íntimo de nuestro corazón, lo configuró y lo fortaleció sacramentalmente. Los signos de la liturgia de la ordenación nos hablan del deseo maternal que tiene la Iglesia de transmitir y comunicar todo lo que el Señor nos dio: la imposición de manos, la unción con el santo Crisma, el revestimiento con los ornamentos sagrados, la participación inmediata en la primera Consagración… La gracia nos colma y se derrama íntegra, abundante y plena en cada sacerdote. Ungidos hasta los huesos… y nuestra alegría, que brota desde dentro, es el eco de esa unción.

Una alegría incorruptible. La integridad del Don, a la que nadie puede quitar ni agregar nada, es fuente incesante de alegría: una alegría incorruptible, que el Señor prometió, que nadie nos la podrá quitar (cf. Jn 16,22). Puede estar adormecida o taponada por el pecado o por las preocupaciones de la vida pero, en el fondo, permanece intacta como el rescoldo de un tronco encendido bajo las cenizas, y siempre puede ser renovada. La recomendación de Pablo a Timoteo sigue siendo actual: Te recuerdo que atices el fuego del don de Dios que hay en ti por la imposición de mis manos (cf. 2 Tm 1,6).

Una alegría misionera. Este tercer rasgo lo quiero compartir y recalcar especialmente: la alegría del sacerdote está en íntima relación con el santo pueblo fiel de Dios porque se trata de una alegría eminentemente misionera. La unción es para ungir al santo pueblo fiel de Dios: para bautizar y confirmar, para curar y consagrar, para bendecir, para consolar y evangelizar.

Y como es una alegría que sólo fluye cuando el pastor está en medio de su rebaño (también en el silencio de la oración, el pastor que adora al Padre está en medio de sus ovejitas) es una «alegría custodiada» por ese mismo rebaño. Incluso en los momentos de tristeza, en los que todo parece ensombrecerse y el vértigo del aislamiento nos seduce, esos momentos apáticos y aburridos que a veces nos sobrevienen en la vida sacerdotal (y por los que también yo he pasado), aun en esos momentos el pueblo de Dios es capaz de custodiar la alegría, es capaz de protegerte, de abrazarte, de ayudarte a abrir el corazón y reencontrar una renovada alegría.

«Alegría custodiada» por el rebaño y custodiada también por tres hermanas que la rodean, la cuidan, la defienden: la hermana pobreza, la hermana fidelidad y la hermana obediencia.

La alegría sacerdotal es una alegría que se hermana a la pobreza. El sacerdote es pobre en alegría meramente humana ¡ha renunciado a tanto! Y como es pobre, él, que da tantas cosas a los demás, la alegría tiene que pedírsela al Señor y al pueblo fiel de Dios. No se la tiene que procurar a sí mismo. Sabemos que nuestro pueblo es generosísimo en agradecer a los sacerdotes los mínimos gestos de bendición y de manera especial los sacramentos. Muchos, al hablar de crisis de identidad sacerdotal, no caen en la cuenta de que la identidad supone pertenencia. No hay identidad —y por tanto alegría de ser— sin pertenencia activa y comprometida al pueblo fiel de Dios (cf. Exhort. ap. *Evangelii gaudium*, 268). El sacerdote que pretende encontrar la identidad sacerdotal buceando introspectivamente en su interior quizá no encuentre otra cosa que señales que dicen «salida»: sal de ti mismo, sal en busca de Dios en la adoración, sal y dale a tu pueblo lo que te fue encomendado, que tu pueblo se encargará de hacerte sentir y gustar quién eres, cómo te llamas, cuál es tu identidad y te alegrará con el ciento por uno que el Señor prometió a sus servidores. Si no sales de ti mismo, el óleo se vuelve rancio y la unción no puede ser fecunda. Salir de sí mismo supone despojo de sí, entraña pobreza.

La alegría sacerdotal es una alegría que se hermana a la fidelidad. No principalmente en el sentido de que seamos todos «inmaculados» (ojalá con la gracia lo seamos) ya que somos pecadores, pero sí en el sentido de renovada fidelidad a la única Esposa, a la Iglesia. Aquí es clave la fecundidad. Los hijos espirituales que el Señor le da a cada sacerdote, los que bautizó, las familias que bendijo y ayudó a caminar, los enfermos a los que sostiene, los jóvenes con los que comparte la catequesis y la formación, los pobres a los que socorre... son esa «Esposa» a la que le alegra tratar como predilecta y única amada y serle renovadamente fiel. Es la Iglesia viva, con nombre y apellido, que el sacerdote pastorea en su parroquia o en la misión que le fue encomendada, la que lo alegra cuando le es fiel, cuando hace todo lo que tiene que hacer y deja todo lo que tiene que dejar con tal de estar firme en medio de las ovejas que el Señor le encomendó: Apacienta mis ovejas (cf. Jn 21,16.17).

La alegría sacerdotal es una alegría que se hermana a la obediencia. Obediencia a la Iglesia en la Jerarquía que nos da, por decirlo así, no sólo el marco más externo de la obediencia: la parroquia a la que se me envía, las licencias ministeriales, la tarea particular... sino también la unión con Dios Padre, del que desciende toda paternidad. Pero también la obediencia a la Iglesia en el servicio: disponibilidad y prontitud para servir a todos, siempre y de la mejor manera, a imagen de «Nuestra Señora de la prontitud» (cf. Lc 1,39: meta spoudes), que acude a servir a su prima y está atenta a la cocina de Caná, donde falta el vino. La disponibilidad del sacerdote hace de la Iglesia casa de puertas abiertas, refugio de pecadores, hogar para los que viven en la calle, casa de bondad para los enfermos, campamento para los jóvenes, aula para la catequesis de los pequeños de primera comunión... Donde el pueblo de Dios tiene un deseo o una necesidad, allí está el sacerdote que sabe oír (ob-audire) y siente un mandato amoroso de Cristo que lo envía a socorrer con misericordia esa necesidad o a alentar esos buenos deseos con caridad creativa.

El que es llamado sea consciente de que existe en este mundo una alegría genuina y plena: la de ser sacado del pueblo al que uno ama para ser enviado a él como dispensador de los dones y consuelos de Jesús, el único Buen Pastor que, compadecido entrañablemente de todos los pequeños y excluidos de esta tierra que andan agobiados y oprimidos como ovejas que no tienen pastor, quiso asociar a muchos a su ministerio para estar y obrar Él mismo, en la persona de sus sacerdotes, para bien de su pueblo.

En este Jueves Sacerdotal le pido al Señor Jesús que haga descubrir a muchos jóvenes ese ardor del corazón que enciende la alegría apenas uno tiene la audacia feliz de responder con prontitud a su llamado.

En este Jueves Sacerdotal le pido al Señor Jesús que cuide el brillo alegre en los ojos de los recién ordenados, que salen a comerse el mundo, a desgastarse en medio del pueblo fiel de Dios, que gozan preparando la primera homilía, la primera misa, el primer bautismo, la primera confesión... Es la alegría de poder compartir —maravillados—, por vez primera como ungidos, el tesoro del Evangelio y sentir que el pueblo fiel te vuelve a ungir de otra manera: con sus pedidos, poniéndote la cabeza para que los bendigas, tomándote las manos, acercándote a sus hijos, pidiendo por sus enfermos... Cuida Señor en tus jóvenes sacerdotes la alegría de salir, de hacerlo todo como nuevo, la alegría de quemar la vida por ti.

En este Jueves Sacerdotal le pido al Señor Jesús que confirme la alegría sacerdotal de los que ya tienen varios años de ministerio. Esa alegría que, sin abandonar los ojos, se sitúa en las espaldas de los que soportan el peso del ministerio, esos curas que ya le han tomado el pulso al trabajo, reagrupan sus fuerzas y se rearman: «cambian el aire», como dicen los deportistas. Cuida Señor la profundidad y sabia madurez de la alegría de los curas adultos. Que sepan rezar como Nehemías: «la alegría del Señor es mi fortaleza» (cf. Ne 8,10).

Por fin, en este Jueves Sacerdotal, pido al Señor Jesús que resplandezca la alegría de los sacerdotes ancianos, sanos o enfermos. Es la alegría de la Cruz, que mana de la conciencia de tener un tesoro incorruptible en una vasija de barro que se va deshaciendo. Que sepan estar bien en cualquier lado, sintiendo en la fugacidad del tiempo el gusto de lo eterno (Guardini). Que sientan, Señor, la alegría de pasar la antorcha, la alegría de ver crecer a los hijos de los hijos y de saludar, sonriendo y mansamente, las promesas, en esa esperanza que no defrauda.

Obispos, testigos del Resucitado

De los labios de la Iglesia se recogerá en cada época y en cada lugar la petición: ¡danos un obispo! El pueblo santo de Dios sigue hablando: necesitamos uno que nos custodie desde lo alto; necesitamos uno que nos mire con la amplitud del corazón de Dios; no necesitamos un *manager*, un administrador delegado de una empresa, y tampoco uno que esté al nivel de nuestra poca cosa o pequeñas pretensiones. Necesitamos uno que sepa elevarse a la altura de la mirada de Dios sobre nosotros para guiarnos hacia Él. Sólo en la mirada de Dios está el futuro para nosotros. Necesitamos a alguien que, conociendo la amplitud del campo de Dios más que el propio estrecho jardín, nos garantice que aquello a lo que aspira nuestro corazón no es una vana promesa.

La gente recorre con fatiga la llanura de la cotidianidad, y necesita ser guiada por quien es capaz de ver las cosas desde lo alto. Por ello no debemos nunca perder de vista las necesidades de las Iglesias particulares a las que debemos proveer. No existe un pastor *standard* para todas las Iglesias. Cristo conoce la singularidad del pastor que cada Iglesia requiere para que responda a sus necesidades y le ayude a realizar sus potencialidades. Nuestro desafío es entrar en la perspectiva de Cristo, teniendo en cuenta esta singularidad de las Iglesias particulares.

Para elegir a tales ministros todos nosotros necesitamos elevarnos, subir también nosotros al «nivel superior». No podemos dejar de subir, no podemos contentarnos con medidas bajas. Debemos elevarnos más allá y sobre nuestras eventuales preferencias, simpatías, pertenencias o tendencias para entrar en la amplitud del horizonte de Dios y para encontrar a estos portadores de su mirada desde lo alto. No hombres condicionados por el miedo desde lo bajo, sino pastores dotados de *parresia*, capaces de asegurar que en el mundo hay un sacramento de unidad (cf. const. *Lumen gentium*, 1) y por ello la humanidad no está destinada al extravío y al desconcierto [...].

Examinemos, por lo tanto, el momento en el cual la Iglesia apostólica tuvo que recomponer el Colegio de los Doce después de la traición de Judas. Sin los *Doce* no puede bajar la plenitud del Espíritu. El sucesor se debe buscar entre quien siguió desde el comienzo el itinerario de Jesús y ahora puede llegar a ser «junto con los Doce» un «testigo de la Resurrección» (cf. Hch 1,21-22). Es necesario seleccionar entre los seguidores de Jesús a los testigos del Resucitado.

De aquí se deriva el criterio esencial para esbozar el rostro de los obispos que queremos tener. ¿Quién es un testigo del Resucitado? Es quien ha seguido a Jesús desde los inicios y es constituido con los Apóstoles testigo de su Resurrección. También para nosotros éste es el criterio unificador: el obispo es quien sabe hacer actual todo lo que le sucedió a Jesús y, sobre todo, sabe, *junto* con la Iglesia, ser testigo de su Resurrección. El obispo es ante todo un mártir del Resucitado. No un testigo aislado sino *junto* con la Iglesia. Su vida y su ministerio deben hacer creíble la Resurrección. Uniéndose a Cristo en la cruz de la entrega auténtica de sí, hace brotar para la propia Iglesia la vida que no muere. La valentía de morir, la generosidad de ofrecer la propia vida y de entregarse por el rebaño están inscritos en el «adn» del episcopado. La renuncia y el sacrificio son connaturales a la misión episcopal. Y esto quiero destacarlo: la renuncia y el sacrificio son connaturales a la misión episcopal. El episcopado no es para sí mismo, sino para la Iglesia, para el rebaño, para los demás, sobre todo para aquellos que según el mundo hay que descartar.

Por lo tanto, para reconocer a un obispo, no sirve la contabilidad de las cualidades humanas, intelectuales, culturales y ni siquiera pastorales. El perfil de un obispo no es la suma algebraica de sus virtudes. Es cierto que es necesario uno que sea excelente (cic, can. 378 § 1): su integridad humana asegura la capacidad de relaciones sanas, equilibradas, para no proyectar en los demás sus propias carencias y convertirse en un factor de inestabilidad; su solidez cristiana es esencial para promover la fraternidad y la comunión; su comportamiento recto asegura la medida alta de los discípulos del Señor; su preparación cultural le permite dialogar con los hombres y sus culturas; su ortodoxia y fidelidad a la Verdad completa custodiada por la Iglesia hace de él una columna y un punto de referencia; su disciplina interior y exterior permite el dominio de sí y abre espacio para la acogida y la guía de los demás; su capacidad de gobernar con paterna firmeza garantiza la seguridad de la autoridad que ayuda a crecer; su transparencia y su desprendimiento al administrar los bienes de la comunidad confieren autoridad y atrae la estima de todos.

Todas estas dotes imprescindibles deben ser con todo una indicación de la centralidad del testimonio del Resucitado, subordinados a este compromiso prioritario. Es el Espíritu del Resucitado quien forma a sus testigos, quien integra y eleva las cualidades y los valores edificando al obispo […].

En el camino hacer Iglesia

Quisiera compartir con ustedes algunas ideas:

La primera: *la importancia de la comunicación para la Iglesia*. Este año se cumple el 50 aniversario de la aprobación del Decreto conciliar *Inter mirifica*. No se trata sólo de una conmemoración; ese documento expresa el interés de la Iglesia por la comunicación y por sus instrumentos, importantes también en una dimensión evangelizadora. Pero por los instrumentos de la comunicación; la comunicación no es un instrumento. Es otra cosa... En los últimos decenios los medios de comunicación se han desarrollado mucho, pero esta solicitud continúa, asumiendo nuevas sensibilidades y nuevas formas. El panorama comunicativo se ha convertido poco a poco para muchos en un «ambiente vital», una red donde las personas se comunican, amplían el horizonte de sus contactos y de sus relaciones (cf. Benedicto XVI, *Mensaje para la Jornada mundial de las Comunicaciones Sociales 2013*). Subrayo, sobre todo, estos aspectos positivos, aunque todos somos conscientes de que también hay límites y elementos nocivos.

En este contexto —y ésta es la segunda idea— nos tenemos que preguntar: ¿Qué papel tiene que desempeñar la Iglesia con sus medios operativos y comunicativos? En cualquier situación, más allá de la puramente tecnológica, creo que el objetivo ha de ser *lograr insertarse en el diálogo con los hombres y mujeres de hoy*, para comprender sus expectativas, sus dudas, sus esperanzas. Son hombres y mujeres a veces un poco desilusionados con un cristianismo que les parece estéril, que tiene dificultades precisamente para comunicar incisivamente el sentido profundo que da la fe. En efecto, precisamente hoy, en la era de la globalización, estamos asistiendo a un aumento de la desorientación, de la soledad; vemos difundirse la pérdida del sentido de la vida, la incapacidad para tener una «casa» de referencia, la dificultad para trabar relaciones profundas. Es importante, por eso, saber dialogar, entrando también, aunque no sin discernimiento, en los ambientes creados por las nuevas tecnologías, en las redes sociales, para hacer visible una presencia, una presencia que escucha, dialoga, anima. No tengan miedo de ser esa presencia, llevando consigo su identidad cristiana cuando se hacen ciudadanos de estos ambientes. ¡Una Iglesia que acompaña en el camino, sabe ponerse en camino con todos! Y hay también una antigua regla de los peregrinos, que San Ignacio asume, por eso yo la conozco. En una de sus reglas dice que aquel que acompaña a un peregrino y que va con él, debe ir al paso del peregrino, sin adelantarse ni retrasarse. Y esto es lo que quiero decir: una Iglesia que acompaña en el camino y que sepa ponerse en camino, como camina hoy. Esta regla del peregrino nos ayudará a inspirar las cosas.

La tercera: Es un reto que afrontamos todos juntos, en este contexto de la comunicación, y la problemática no es principalmente tecnológica. Nos tenemos que preguntar ¿somos capaces, también en este campo, de llevar a Cristo, o mejor, de *llevar al encuentro de Cristo*? ¿De caminar con el peregrino existencial, pero como lo hacía Jesús con los de Emaús, encendiendo sus corazones, haciéndoles encontrar al Señor? ¿Somos capaces de comunicar el rostro de una Iglesia que es «casa» de todos? Hablamos de la Iglesia con las puertas cerradas. Pero esto es más que una Iglesia con las puertas abiertas, es mucho más. Es encontrar juntos, hacer «casa», hacer Iglesia, hacer «casa». Iglesia con las puertas cerradas, Iglesia con las puertas abiertas. Es esto: hacer Iglesia, caminando. Un desafío. Se trata de hacer descubrir, también a través de los medios de comunicación social, además de en el encuentro personal, la belleza de todo lo que constituye el fundamento de nuestro camino y de nuestra vida, la belleza de la fe, la belleza del encuentro con Cristo. También en el contexto de la comunicación es necesario que la Iglesia consiga llevar calor, que enardezca los corazones. ¿Nuestra presencia, nuestras iniciativas responden a esta exigencia o permanecemos técnicos? Tenemos un tesoro precioso que transmitir, un tesoro que da luz y esperanza. ¡Son tan necesarias! Pero todo esto requiere una cuidada y cualificada formación, de sacerdotes, religiosos, religiosas, laicos, también en este campo. El gran continente digital no es simplemente tecnología, sino que está formado por hombres y mujeres que llevan consigo lo que tienen dentro, sus experiencias, sus sufrimientos, sus anhelos, la búsqueda de la verdad, de la belleza, de la bondad. Es necesario saber indicar y llevar a Cristo, compartiendo estas alegrías y esperanzas, como María que llevó a Cristo al corazón del hombre; es necesario saber entrar en la niebla de la indiferencia sin perderse; es necesario bajar también a la noche más oscura sin verse dominados por la oscuridad y perderse; es necesario escuchar las ilusiones de muchos, sin dejarse seducir; es necesario acoger las desilusiones, sin caer en la amargura; palpar la desintegración ajena, sin dejarse disolver o descomponer en la propia identidad (cf. *Discurso al episcopado de Brasil, 27 julio 2013*, 4). Éste es el camino. Éste es el desafío.

Es importante, queridos amigos, la atención y la presencia de la Iglesia en el mundo de la comunicación, para dialogar con el hombre de hoy y llevarlo al encuentro con Cristo, pero el encuentro con Cristo es un encuentro personal. No se puede manipular. En este tiempo tenemos una gran tentación en la Iglesia, que es el «acoso» espiritual: manipular las conciencias; un lavado de cerebro teologal, que al final te lleva a un encuentro con Cristo puramente nominal, no con la Persona de Cristo Vivo. En el encuentro de una persona con Cristo, entran Cristo y la persona. No lo que quiere el ingeniero espiritual que busca manipular. Éste es el desafío. Llevarlo al encuentro con Cristo siendo conscientes, no obstante, de que nosotros somos medios y que el problema de fondo no es la adquisición de sofisticadas tecnologías, aunque sean necesarias para una presencia actual y significativa. Que nos quede siempre claro que creemos en un Dios apasionado por el hombre, que quiere manifestarse mediante nuestros medios, aunque siempre son pobres, porque es Él quien obra, transforma, salva la vida del hombre [...].

La Iglesia está viva, se sorprende

La fiesta de Pentecostés conmemora la efusión del Espíritu Santo sobre los Apóstoles reunidos en el Cenáculo. Como la Pascua, es un acontecimiento que tuvo lugar durante la preexistente fiesta judía, y que se realiza de modo sorprendente. El libro de los Hechos de los Apóstoles describe los signos y los frutos de esa extraordinaria efusión: el viento fuerte y las llamas de fuego; el miedo desaparece y deja espacio a la valentía; las lenguas se desatan y todos comprenden el anuncio. Donde llega el Espíritu de Dios, todo renace y se transfigura. El acontecimiento de Pentecostés marca el nacimiento de la Iglesia y su manifestación pública; y nos impresionan dos rasgos: es una Iglesia que *sorprende* y *turba*.

Un elemento fundamental de Pentecostés es la *sorpresa*. Nuestro Dios es el Dios de las sorpresas, lo sabemos. Nadie se esperaba ya nada de los discípulos: después de la muerte de Jesús formaban un grupito insignificante, estaban desconcertados, huérfanos de su Maestro. En cambio, se verificó un hecho inesperado que suscitó admiración: la gente quedaba turbada porque cada uno escuchaba a los discípulos hablar en la propia lengua, contando las grandes obras de Dios (cf. Hch 2, 6-7.11). La Iglesia que nace en Pentecostés es una comunidad que suscita estupor porque, con la fuerza que le viene de Dios, anuncia un mensaje nuevo —la Resurrección de Cristo— con un lenguaje nuevo —el lenguaje universal del amor. Un anuncio nuevo: Cristo está vivo, ha resucitado; un lenguaje nuevo: el lenguaje del amor. Los discípulos están revestidos del poder de lo alto y hablan con valentía —pocos minutos antes eran todos cobardes, pero ahora hablan con valor y franqueza, con la libertad del Espíritu Santo.

Así está llamada a ser siempre la Iglesia: capaz de sorprender anunciando a todos que Jesús el Cristo ha vencido la muerte, que los brazos de Dios están siempre abiertos, que su paciencia está siempre allí esperándonos para sanarnos, para perdonarnos. Precisamente para esta misión Jesús resucitado entregó su Espíritu a la Iglesia.

Atención: si la Iglesia está viva, debe sorprender siempre. Sorprender es característico de la Iglesia viva. Una Iglesia que no tenga la capacidad de sorprender es una Iglesia débil, enferma, moribunda, y debe ser ingresada en el sector de cuidados intensivos, ¡cuanto antes!

Alguno, en Jerusalén, hubiese preferido que los discípulos de Jesús, bloqueados por el miedo, se quedaran encerrados en casa para no crear *turbación*. Incluso hoy muchos quieren esto de los cristianos. El Señor resucitado, en cambio, los impulsa hacia el mundo: «Como el Padre me ha enviado, así también os envío yo» (Jn 20, 21). La Iglesia de Pentecostés es una Iglesia que no se resigna a ser inocua, demasiado «destilada». No, no se resigna a esto. No quiere ser un elemento decorativo. Es una Iglesia que no duda en salir afuera, al encuentro de la gente, para anunciar el mensaje que se le ha confiado, incluso si ese mensaje molesta o inquieta las conciencias, incluso si ese mensaje trae, tal vez, problemas; y también, a veces, nos conduce al martirio. Ella nace una y universal, con una identidad precisa, pero abierta, una Iglesia que abraza al mundo pero no lo captura; lo deja libre, pero lo abraza como la columnata de esta plaza: dos brazos que se abren para acoger, pero no se cierran para retener. Nosotros, los cristianos somos libres, y la Iglesia nos quiere libres.

Nos dirigimos a la Virgen María, que en esa mañana de Pentecostés estaba en el Cenáculo, y la Madre estaba con los hijos. En ella la fuerza del Espíritu Santo realizó verdaderamente «obras grandes» (Lc 1,49). Ella misma lo había dicho. Que Ella, Madre del Redentor y Madre de la Iglesia, nos alcance con su intercesión una renovada efusión del Espíritu de Dios sobre la Iglesia y sobre el mundo.

CRONOLOGÍA ESENCIAL DE LA VIDA

1936 *17 de diciembre.* Jorge Mario Bergoglio nace en Buenos Aires de una familia oriunda de Asti (Turín, Italia) que emigró a Argentina. Su padre, Mario, fue contable en los ferrocarriles; su madre, Regina Sivori, ama de casa. Jorge será el primero de cinco hijos: Oscar, Marta, Alberto y María Elena.

1957 Después de graduarse como Licenciado en química, escoge la vía del sacerdocio y entra en el seminario diocesano de Villa Devoto.

1958 *11 de marzo.* Entra en el noviciado de la Compañía de Jesús y, dos años después (12 de marzo 1960), toma los primeros votos.

1963 Después de completar los estudios humanísticos en Santiago de Chile, regresa a Argentina, consiguiendo la licenciatura en filosofía en el Colegio San José de San Miguel.

1964-66 Enseña literatura y psicología en Santa Fe, primero, y luego en Buenos Aires.

1969 *13 de diciembre*. Es ordenado sacerdote.

1970 Completa los estudios en Teología, consiguiendo la licenciatura en el Colegio San José.

1973 *22 de abril*. Hace su profesión perpetua.

31 de julio. Después de haber sido Consultor, es nombrado Superior Provincial de los Jesuitas en Argentina.

1980 Es nombrado rector del Colegio San José y ejerce esa posición hasta el 1986, cuando va a estudiar teología en Alemania y a desarrollar investigaciones sobre Romano Guardini, con miras a completar su tesis de doctorado. Se ve obligado a interrumpir sus estudios en Alemania, a solicitud de sus superiores en Argentina que le requieren para cubrir otros cargos. Como sacerdote, desarrolla su ministerio en una parroquia de Córdoba.

1992 *20 de mayo.* Después de haber desarrollado por varios años el ministerio de director espiritual y confesor, es nombrado por Juan Pablo II obispo auxiliar de Buenos Aires, estrecho colaborador del Cardenal Antonio Quarracino, de quien recibe (27 de junio) la ordenación episcopal. Escoge como lema *"Miserando ataque eligiendo"* ("Teniendo piedad, lo escogió") y en su escudo entra el cristograma *IHS*, símbolo de la Compañía de Jesús.

1993 *21 de diciembre.* Es nombrado Vicario General de la arquidiócesis.

1997 *3 de junio.* Es promovido a arzobispo coadjutor de Buenos Aires y, al año siguiente, con la muerte del Cardenal Quarracino, le nombran (28 de febrero) guía de la Arquidiócesis, volviéndose también primado de Argentina.

2001 *21 de febrero.* Es ordenado Cardenal por Juan Pablo II.

2005 Participa en el Cónclave en que eligen a Benedicto XVI.

2013 *11 de febrero.* Benedicto XVI anuncia su decisión de dejar el ministerio de Pedro para el día 28 del mismo mes.

13 de marzo. Es elegido Sumo Pontífice y toma el nombre de Francisco: primer papa latinoamericano, primer papa jesuita, primer papa con el nombre de Francisco.

7 de abril. Se asienta como obispo de Roma en la "Cathedra romana".

24 de junio. Instituye una Pontificia comisión para el Instituto para las Obras Religiosas (IOR).

29 de junio. Publica su primera encíclica, *Lumen fidei*, llevando a cumplimiento el documento dejado en herencia por Benedicto XVI.

8 de julio. Cumple una histórica visita apostólica a la Isla de Lampedusa.

22-29 de julio. Participa en la Jornada Mundial de la Juventud en Rio de Janeiro, Brasil.

22 de septiembre. Visita pastoral a Cagliari.

28 de septiembre. Instituye el Consejo de Cardenales con la tarea de ayudarlo en el gobierno de la Iglesia universal y de empezar el proceso de revisión de la Constitución apostólica *Pastor Bonus* sobre la Curia romana.

4 de octubre. Visita pastoral a Asís.

24 de noviembre. Publica la Exhortación apostólica *Evangelii gaudium*.

2014 *22 de febrero.* Convoca el Consistorio para la creación de nuevos cardenales.

LISTADO DE LAS FUENTES

I
EL EVANGELIO DEL CAMINO

La meta y el camino: Lumen fidei, 29 de junio 2013, nn. 18-22 (www.vatican.va).

La eterna novedad del Evangelio: Evangelii gaudium, 24 de noviembre 2013, n. 11 (www.vatican.va).

Los tres movimientos del cristiano: Homilía a la misa con los cardenales, 14 de marzo 2013 (www.vatican.va).

Caminar con Jesús: Homilía al Consistorio para la creación de nuevos cardenales, 22 de febrero 2014 (www.vatican.va).

La alegría del encuentro: Evangelii gaudium, 24 de noviembre 2013, nn. 1-3 (www.vatican.va).

II
EL CAMINO DE LA FE

La vida sacramentada: Lumen fidei, 29 de junio 2013, nn. 40-45 (www.vatican.va).

Injertados en Cristo y en la Iglesia: Audiencia general, 8 de enero 2014 (www.vatican.va).

Miembros de un pueblo misionero: Audiencia general, 15 de enero 2014 (www.vatican.va).

Unidos y conformados a Jesús: Audiencia general, 29 de enero 2014 (www.vatican.va).

El sacramento del amor: Audiencia general, 5 de febrero 2014 (www.vatican.va).

Vivir la Eucaristía: Audiencia general, 12 de febrero 2014 (www.vatican.va).

La fuerza del perdón: Audiencia general, 19 de febrero 2014 (www.vatican.va).

La compasión de Dios: Audiencia general, 26 de febrero 2014 (www.vatican.va).

El ministerio del servicio: Audiencia general, 26 de marzo 2014 (www.vatican.va).

El valor del matrimonio cristiano: Audiencia general, 2 de abril 2014 (www.vatican.va).

III
LOS DONES DEL CAMINO

El don del Espíritu Santo: Homilía, 8 de junio 2014 (www.vatican.va).

La sabiduría que viene del Espíritu: Audiencia general, 9 de abril 2014 (www.vatican.va).

Capaces de escudriñar el designio de Dios: Audiencia general, 30 de abril 2014 (www.vatican.va).

El consejo que hace crecer: Audiencia general, 7 de mayo 2014 (www.vatican.va).

Fuertes en Él que da la fuerza: Audiencia general, 14 de mayo 2014 (www.vatican.va).

Custodiar la belleza de la creación: Audiencia general, 21 de mayo 2014 (www.vatican.va).

La piedad no es pietismo: Audiencia general, 4 de junio 2014 (www.vatican.va).

El verdadero temor de Dios: Audiencia general, 11 de junio 2014 (www.vatican.va).

IV
EL TESTIMONIO DEL CAMINO

Transmitir la fe recibida: Lumen fidei, 29 de junio 2013, nn. 37-39 (www.vatican.va).

Hacer visible el Evangelio: Discurso al Pontificio Consejo para la promoción de la nueva evangelización, 14 de octubre 2013 (www.vatican.va).

Ricos en virtud de la pobreza de Cristo: Mensaje para la Cuaresma 2014, 26 de diciembre 2013 (www.vatican.va).

La fuerza revolucionaria de las Bienaventuranzas: Mensaje para la XXIX Jornada mundial de la juventud 2014, 21 de enero 2014 (www.vatican.va).

«Bienaventurados los pobres de espíritu... »: Mensaje para la XXIX Jornada mundial de la juventud 2014, 21 de enero 2014 (www.vatican.va).

«... porque de ellos es el Reino de los cielos »: Mensaje para la XXIX Jornada mundial de la juventud 2014, 21 de enero 2014 (www.vatican.va).

La cultura del encuentro: Mensaje para la XLVIII Jornada mundial de las comunicaciones sociales, 24 de enero 2014 (www.vatican.va).

V
ACOMPAÑAR EN EL CAMINO

El tiempo de la misericordia: Discurso a los párrocos de Roma, 6 de marzo 2014 (www.vatican.va).

Pastorear al pueblo de Dios: Discurso a las comunidades del Pontificio Colegio Leoniano de Anagni, 14 de abril 2014 (www.vatican.va).

La alegría del sacerdocio: Homilía a la Misa Crismal, 17 de abril 2014 (www.vatican.va).

Obispos, testigos del Resucitado: Discurso a la Congregación para los obispos, 27 de febrero 2014 (www.vatican.va).

En el camino hacer Iglesia: Discurso a la Asamblea plenaria del Pontificio Consejo de las comunicaciones sociales, 21 de septiembre 2013 (www.vatican.va).

La iglesia está viva, se sorprende: Regina Coeli, 8 de junio 2014 (www.vatican.va).